33 conselhos para uma Vida Saudável

Adelires Albuquerque

33 conselhos para uma Vida Saudável

Ágape

São Paulo, 2018

COORDENAÇÃO EDITORIAL: Rebeca Lacerda
PREPARAÇÃO: Fernanda Guerriero Antunes
REVISÃO: Patrícia Murari
CAPA: Brenda Sório
DIAGRAMAÇÃO: Rebeca Lacerda

EDITORIAL
Jacob Paes • João Paulo Putini • Nair Ferraz
Rebeca Lacerda • Renata de Mello do Vale • Vitor Donofrio

AQUISIÇÕES
Cleber Vasconcelos

Texto de acordo com as normas do Novo Acordo Ortográfico da Língua Portuguesa (1990), em vigor desde 1º de janeiro de 2009.

Dados Internacionais de Catalogação na Publicação (CIP)
Angélica Ilacqua CRB-8/7057

Albuquerque, Adelires
33 conselhos para uma vida saudável / Adelires Albuquerque. --
Barueri, SP : Ágape, 2018.

1. Mensagens – Deus 2. Meditação 3. Encorajamento 4. Palavra de Deus
5. Vida cristã I. Título

18-1463 CDD 242

Índice para catálogo sistemático:
1. Mensagens - Palavra de Deus - Vida cristã 242

EDITORA ÁGAPE LTDA.
Alameda Araguaia, 2190 – Bloco A – 11º andar – Conjunto 1112
CEP 06455-000 – Alphaville Industrial, Barueri – SP – Brasil
Tel.: (11) 3699-7107 | Fax: (11) 3699-7323
www.editoraagape.com.br | atendimento@agape.com.br

[...] Deus escolheu as coisas loucas deste mundo para envergonhar os sábios [...] (1Co 1:27)

Agradecimentos

Gostaria de agradecer primeiramente a Deus Pai, a Jesus Cristo e ao Espírito Santo, que me permitiram enfrentar e vencer grandes desafios e que, ao meu lado, guardaram-me e me deram inspiração para vivenciar e, depois, colocar no papel estas experiências.

Agradeço ao meu esposo Edeclaudio pela paciência durante tanto tempo, ouvindo-me, aconselhando-me e orando por mim.

Aos meus filhos Cristian, Nicolas e Ana Gabriela, que suportaram tantos tempos difíceis.

À minha nora Fernanda e ao meu netinho Arthur Gabriel, que tanto amo. Felizmente, quando eles chegaram à minha vida, a tempestade já havia passado.

Prefácio

Sempre acreditei que uma boa saúde é construída a partir de um processo de cuidados, englobando hábitos saudáveis. Sou médico e, atuando na atenção básica de saúde, fui surpreendido ao perceber que muitas vezes o maior problema no quadro clínico do paciente é a sua saúde mental, situação que me deixou fragilizado, mas me instigou a novos estudos por atender e atuar na área de saúde mental. Por priorizar uma boa relação com os meus pacientes, percebi que precisava de uma nova ferramenta de trabalho diante dessa realidade.

Certo dia, sentei-me para um café com Adelires e conversamos por muito tempo. Não lembro como entramos no assunto, até porque ainda não sabia da existência de *33 conselhos para uma vida saudável*, mas comentei a respeito da minha insatisfação sobre algumas abordagens e então novos conceitos começaram a surgir. Pois, ao entender que as emoções interferem nos sintomas físicos, percebi que a maioria das dores que tentamos combater tem origem emocional. Entender essa relação me ajudou a buscar uma nova abordagem dos pacientes, investigando mais sobre a estrutura emocional deles, a fim de identificar possíveis causas dos sintomas físicos e, assim, oferecer uma orientação mais profunda e humana para o tratamento.

Estas páginas abordam, com riqueza, sugestões para uma vida com mais qualidade, fundamentadas em longos anos de estudos aprofundados. Seu texto nos leva a refletir a respeito de hábitos rotineiros prejudiciais à saúde, os quais nem sempre são percebidos, com base em experiências pessoais após mudanças no estilo de vida para superar problemas de saúde vistos, antes, por outro viés. Adelires o faz com muita sabedoria, com o objetivo de auxiliar o maior número de pessoas.

Como o tema deste livro é fruto de uma vivência individual, torna-se difícil mensurar os conflitos internos pelos quais a autora passou. Somente alguém que experienciou e superou dificuldades como as relatadas aqui pode auxiliar sobre o assunto com um pouco mais de propriedade. Trata-se de uma ferramenta poderosa, fato confirmado após pesquisa realizada com os meus pacientes, a maioria dos quais enquadrada nos diversos pontos mencionados nesta obra, inclusive eu mesmo. Surpreendi-me, portanto, com os resultados, pois atualmente se observa que condições psíquicas não são associadas de maneira global às condições gerais do paciente, que normalmente são medicados sem muita investigação da causa que desencadeia seu problema.

É possível que cada leitor tenha uma percepção diferenciada de cada capítulo de acordo com suas experiências, sobretudo é importante uma análise aprofundada e individualizada, para que o conteúdo que segue faça a diferença na sua aplicabilidade. Não queremos apenas viver, mas viver com qualidade.

Dr. Álvaro Machado da Silva Chuí
Atualmente, médico generalista na Atenção Básica de Saúde no Estado de São Paulo e cursando especialização em Saúde da Família pela Universidade Federal de São Paulo.

SUMÁRIO

Introdução

No ano 2000 fiz um cateterismo com ablação (cauterização dos focos de arritmia no coração), devido às palpitações que eu sentia e aos batimentos cardíacos acelerados. Vivia cansada, com sensação de desmaios, tonturas, fraqueza no corpo, esquecimento, tremor, pés e mãos ora gelados, ora suando, entre outros sintomas. Quando ia à academia, caminhava na esteira por trinta minutos e já me sentia tonta, e não aguentava sequer correr dois minutos. Algumas vezes, saía dali chorando secretamente.

O procedimento foi um sucesso e de fato as arritmias diminuíram noventa e nove por cento.

Um ano depois da cirurgia, retornei à minha médica, na cidade de Cuiabá (MT), a fim de realizar novos exames de rotina. Quando estava no consultório da doutora Ezilaine, após alguns minutos de conversa, ela me orientou que procurasse uma psicóloga para que eu realizasse terapias que certamente me auxiliariam em meu estado de saúde. Saí da sala, mas, ainda confusa sobre o que fazer, logo retornei para obter novas explicações. Foi então que ela me encaminhou não mais para um psicólogo, e sim a um psiquiatra. Senti-me perturbada quando verifiquei o encaminhamento, pois não entendia o que estava acontecendo comigo.

Como uma mãe de família, filha de Deus, evangélica, fiel a Deus, poderia estar naquela situação? Eu não entendia e não podia aceitar que cristãos precisassem de terapias ou de qualquer outro tipo de tratamento psicológico.

É assim que muitas pessoas pensam quando são aconselhadas a procurar um psicólogo ou psicanalista, ou a realizar terapias ou psicoterapias. Eu acreditava que bastava ser cristã para que tudo estivesse resolvido. Cria que Deus estava comigo – e de fato Ele estava –, e que Cristo havia levado meus males, minhas dores e minhas enfermidades sobre Si na Cruz do Calvário – de fato Ele os levou. Os males que vieram sobre mim, contudo, pelo meu modo de vida, por minhas atitudes, pensamentos e comportamentos, nada tinham a ver com Deus.

Saí da sala e fui até o elevador, na intenção de chegar à porta de saída, porém, enganada, apertei o botão para o térreo: de alguma forma, sem perceber, fui parar no andar de internação, onde pacientes pós-cirúrgicos mantinham-se anestesiados, muitos indo para cirurgias, outros voltando, deitados naquelas macas com fios e bolsas de sangue e soro pendurados. Médicos e enfermeiros vestiam-se com roupas verdes ao redor dos doentes. Ao ver aquela cena, senti grande pânico e, de forma terrível, tentei sair daquele lugar. Foi então que me agarrei ao braço de uma enfermeira que estava indo ao elevador e pedi a ela ajuda para que me conduzisse à saída. Prontamente ela o fez, colocando-me no elevador e me levando até a porta da frente.

Já fora do hospital, comecei a chorar compulsivamente, porque entendi que eu nunca estive doente fisicamente e que alguma coisa não estava bem no meu psicológico. Pensei que estava ficando louca e pude compreender que todos os problemas que vivi foram gerados por mim durante toda a minha vida, ou seja, eram problemas emocionais, os quais afetaram a minha saúde física, mental e emocional.

Ao chegar a Vilhena, Rondônia, em minha casa, em meio ao mundo dos meus pensamentos, percebi que de fato o problema não estava no meu coração. Senti que tinha de fazer alguns consertos e tomar certas decisões. Cheguei à conclusão de que eu precisava de um pastor com quem pudesse conversar e buscar orientação. Acreditava que precisava confessar meus pecados. "Mas que pecados são esses?", o leitor pode se perguntar. Eu explico.

Durante muitos anos, após começar a sentir fortes dores, aceleramento do coração e palpitações, eu orava buscando de Deus a cura, pois acreditava que a qualquer momento sofreria um ataque cardíaco e morreria. Ao chegar ao consultório dos muitos cardiologistas que visitei e ser questionada sobre como poderiam me ajudar, a minha resposta era: "Doutor, meu coração está todo estragado". No desespero de minha alma, eu orava e jejuava muito – semanas após semanas, sem sucesso –, então os sintomas aumentavam. Dia e noite eu buscava a cura: receitas, orações e promessas, votos intermináveis, pregadores, pastores. Todos os tipos de pessoas que oravam por cura eu busquei, e era nisso que pensava noite e dia.

Em determinado momento, comecei a culpar Deus e fiz o que qualquer insano faria: eu O acusei, cobrei e até mesmo pensei que Ele não se compadecia da dor de Seus filhos, já que via Sua filha sofrer e não fazia nada. Colocava-me como uma coitadinha, doente, pobre, miserável, portanto merecia a "cura de Deus". Na verdade, estamos sempre tentando culpar alguém por nossas frustrações, nossos insucessos e fracassos. Muitos dias e muitas noites tentei encontrar a solução do que se passava em mim.

Eu esperava que a filha de Deus, que orava, jejuava, fazia campanha, votos e mais votos mirabolantes, sacrifícios e mais sacrifícios, fosse curada do suposto problema do coração com apenas um estalar de dedos, como se o Pai, do Seu alto e sublime trono, se compadecesse e fizesse todos os meus males desaparecerem.

Os sintomas que eu sentia, contudo, eram provenientes de ansiedade, preocupação, estresse. Sei que meu estado emocional fragilizado interferia em meu estado físico, roubando minha energia, disposição e ânimo. Na época sentia muita tristeza, porém não desisti e hoje adquiri resistência física e tenho uma vida e hábitos saudáveis. A partir do momento que começamos a ter maturidade, vamos entendendo alguns acontecimentos de nossa trajetória.

Deus é um Deus que cura, que restaura e que tem prazer em nos abençoar – e de fato Ele faz. O Senhor não precisa que façamos acrobacias nem sacrifícios tolos para tentar tocar Seu coração. Ele é amor, justiça e misericórdia.

No entanto, eu O colocava em um paredão e tentava esmurrá-Lo (como se eu pudesse), convencê-Lo de que era uma "garotinha boa" e merecia a cura. Eu, como mãe, queria ver meus filhos felizes e faria tudo por eles. Assim, o Senhor deveria fazer o mesmo por mim; se Ele não pensasse e não o fizesse, então não era tão bom assim. Depois de fazer uso de meus fracos argumentos e reconhecendo que Ele era Deus, chorava muito, pois estava lutando contra o Deus Todo-Poderoso.

Tentei lembrar-me de algum pastor que me ouvisse – na verdade, de qualquer pessoa que pudesse me ouvir –, porque queria falar tudo aquilo que estava em meu coração. Procurava alguém sensível para me dar um bom conselho e para quem eu pudesse reconhecer que Deus nunca fora culpado de meus problemas, que nunca estive doente fisicamente e que, acima de tudo, eu O amava, e que me arrependia de ter lutado contra Ele durante muito, muito tempo. Aqueles que estão com suas emoções abaladas são repetitivos e cansativos, ninguém os quer ouvir, pois a mesmice, os lamentos, a negatividade e a amargura do coração cansam.

Na época, tive a ideia de procurar um amigo de muitos anos, o pastor Messias. Fui até a igreja dele e, já com lágrimas em meus olhos, disse-lhe que precisava confessar meus pecados. Assustado, ele me perguntou o que havia acontecido. Abri o meu coração e falei tudo o que sentia. O meu pecado era este, lutar contra Deus durante muitos anos, culpando-O pelas minhas dores e doenças. Estava zerada emocional, física e espiritualmente, no sentido de estar fragilizada, acabada, sem nada, vazia, mal mesmo. Falei ao meu amigo que abria mão de lutar com minhas forças e entregava minha vida, meus sentimentos, cuidados, dores, enfermidades, sonhos, tudo a Deus, pois com as minhas forças eu não havia conseguido.

Foi então que ele sabiamente me disse que gostaria que todas as ovelhas da sua congregação estivessem zeradas como eu. Explicou-me que Deus, quando estamos zerados de nós mesmos, começa a fazer do jeito Dele. O Senhor começa a crescer e nos esvaziamos de nossos argumentos. Quando nos rendemos e levantamos nossos braços em forma de entrega a Ele, dizemos: "Pronto, não consigo mais. Eu não sou tão poderoso assim. Já estou pronto, faça o Seu querer em minha vida".

De fato, o que Deus queria para a minha vida era que eu parasse de lutar e me debater, ainda que o fizesse com minhas armas, com as minhas forças.

Após aquele dia, nunca mais fui a mesma. Meus diagnósticos eram preocupação, ansiedade, depressão, síndrome do pânico e Síndrome do Pensamento Acelerado (SPA). No entanto, Deus, por meio do Espírito Santo, deu-me 33 conselhos, os quais segui, para que eu pudesse ter uma vida plena em Sua presença.

Lentamente, obtive melhora e, dia após dia, os sintomas foram diminuindo. O Espírito Santo foi-me orientando e eu iniciei o meu tratamento. Sentia-me mais forte, a energia do meu corpo sendo restaurada. Iniciei, então, alguns exercícios os quais pratico até hoje.

No processo de recuperação das crises de ansiedade, depressão e síndrome do pânico, alguns cuidados são muito importantes para a boa qualidade de vida. Todos esses conselhos fizeram parte de minha vida e transformaram o meu corpo e as minhas emoções. Não quero aqui dizer que alguém, caso viva problemas semelhantes, não necessite de medicamentos ou acompanhamento médico, mas foi a partir das atitudes de mudança nos meus comportamentos e em meus pensamentos que meu processo de cura teve início.

Em certa ocasião, fiquei chocada ao me deparar com um líder de determinada Igreja, pois ele estava vivenciando problemas emocionais terríveis, assim como eu vivi outrora. Cobrava-se imensamente e acreditava não ter o direito de se cuidar, que deveria se preocupar primeiro com as ovelhas, os membros de sua congregação. Assim como ele, muitos outros líderes, pastores, apóstolos, empresários, profissionais de várias áreas pensam da mesma forma. Acreditam não poder ir à academia, praticar esportes, fazer exercícios, massagens, cirurgias plásticas nem mesmo implantes de cabelo, principalmente cristãos e líderes evangélicos. A religiosidade muitas vezes nos prende ao vício de querer agradar a todos e acabamos frustrados, cansados e doentes.

Tenho tratado de várias pessoas, tanto homens como mulheres, que se encontravam com seus corpos totalmente debilitados, emocionalmente desgastados e transferindo para o espiritual a insatisfação dos resultados da vida. Cuidaram dos filhos, do cônjuge, dos discípulos e acabaram se esquecendo de si mesmos. A idade, porém, chega para todos e irá cobrar os anos de desgaste e excessos de atividades cometidos. Fazer o caminho de retorno é o grande desafio, por isso resolvi escrever estes conselhos, por intermédio dos quais me fortaleci no corpo, na alma, na mente e no Espírito.

Durante anos, perguntei a Deus como restaurar algo que eu mesma, com minhas mãos, destruí. Nestas páginas, compartilharei as respostas que obtive e creio que após esta leitura sua vida nunca mais será igual. Aqui estão anos de experiências, estudos e, acima de tudo, conselhos inspirados pelo Espírito Santo que certamente ajudarão o leitor a ter uma vida saudável e abundante.

1

Primeiro eu

Eis o grande e primeiro desafio. A Bíblia nos ensina, em Marcos 12:30,31:

> *Amarás, pois, o Senhor, teu Deus, de todo o teu coração, e de toda a tua alma, de todo o teu entendimento, e de toda a tua força [este é o primeiro mandamento]. O segundo é: Amarás o teu próximo como a ti mesmo. Não há outro mandamento maior do que estes.*

E ainda, na 3ª epístola de João, 1:2:

> *Amado, acima de tudo, faço votos por sua prosperidade e saúde, assim como é próspera a tua alma.*

O meu entendimento quanto a amar ao próximo como a si mesmo é o de que não há como amar alguém sem que antes eu me ame. Se não tenho para comigo cuidado e zelo, como terei com pessoas não muito próximas ou as quais nem conheço? Somente posso amar alguém, portanto, quando eu me amo primeiro. Ao me amar primeiro, coloco-me antes de tudo e de todos, sabendo que não existe ninguém mais importante para mim, depois de Deus, do que EU mesma.

O desejo do Pai para todos nós é que tenhamos saúde, vida, paz, alegria e virtudes. No texto anterior, transcrito de 3 João, está claro o desejo de que tenhamos saúde não somente física, mas emocional também. As mulheres, principalmente, devem se realizar, se encontrar e ser feliz com elas mesmas, para que possam fazer os outros felizes.

As esposas e mães, de uma forma geral, são extremamente cuidadosas, zelosas e se preocupam com todos. Se sobrar alimento, elas comem para evitar o desperdício. Se faltar para alguém, elas ficam sem comer. Doam-se na família, no casamento, aos netos, ao trabalho, em tudo, mas são essas as primeiras na fila das doenças físicas e emocionais.

Para a prevenção e ainda no processo de saída das crises, e de recuperação da saúde física, mental e emocional, é muito importante que nos coloquemos em primeiro lugar. Pequenas atitudes ou detalhes são muito importantes. Por exemplo: monte a mesa do café com a sua xícara predileta, a sua geleia preferida, o iogurte da sua dieta ou aquele pão feito na tostadeira. Lembre-se de preparar uma refeição de que goste muito, com frutas e legumes de sua preferência, não se importando com o que vão falar, tampouco com olhares, críticas ou narizinho torto de desaprovação. Aprenda a importância de arrumar bem a mesa da forma que o alegra, que lhe traz prazer. Um conjunto de pequenos detalhes fará a diferença principalmente para as mulheres, tão detalhistas: coloque o prato de que gosta, utilize os talheres mais charmosos, encha primeiro o seu copo de suco, sirva-se primeiro, arrume a comida no prato da forma que lhe apraz. Tire a sonequinha da beleza após o almoço.

Durante o banho, ensaboe-se com o sabonete que mais lhe agrada, use o creme e o shampoo que combinam com você, acerte a temperatura do chuveiro, seque-se com a sua toalha preferida. Utilize o creme dental de que gosta, deixe a escova de dente da forma que lhe convier. Durma com o lençol da cama que lhe alegra. Até mesmo a forma como dobra o lençol pode lhe dar alegria, porque você precisará ter prazer em tudo, pela simples razão de que se não existir mais, nada mais importa. Então, quando estiver forte o suficiente, certamente poderá cuidar dos demais. Diga a si mesmo: "Eu não posso faltar". Repita mais uma vez: "Eu não posso faltar". E então afirme: "Eu me amo, eu sou lindo(a), maravilhoso(a)".

Acho interessante o que acontecia em minha casa quando eu era criança. Minha mãe preparava frango para o nosso almoço – éramos seis filhos – e sempre retirava pedaços da coxa e do peito, bem carnudos, para o meu pai. Ela dizia que fazia isso porque era ele quem trazia o sustento para casa, trabalhava muito e no pesado, então despendia muita energia, por isso precisava do melhor. Neste momento, quem precisa do melhor pedaço é você.

O texto lindo de Salmos 139:14 diz algo tremendo que nunca, jamais deveríamos esquecer.

> *Graças te dou, visto que por modo assombrosamente maravilhoso me formaste; as tuas obras são admiráveis, e a minha alma o sabe muito bem.*

Cuide-se primeiro. Procure desfrutar de cada momento da sua vida.

Ninguém é mais importante do que você mesmo, por isso este é o primeiro conselho que dou. Você é mais importante para você do que todos a sua volta, então precisa estar bem para que as pessoas possam usufruir de sua presença durante muito tempo.

Monólogo de uma mulher moderna[1]

São 5h30, o despertador não para de tocar e não tenho forças nem para atirá-lo contra a parede. Estou acabada. Não quero ir trabalhar hoje. Quero ficar em casa cozinhando, ouvindo música, cantando etc. Se tivesse um cão, o levaria a passear nos arredores. Tudo menos sair da cama, engatar a primeira e ter de pôr o cérebro a funcionar. Gostaria de saber quem foi a bruxa imbecil, a matriz das feministas que teve a ideia de reivindicar os direitos da mulher e por que o fez conosco, que nascemos depois dela.

Estava tudo tão bem no tempo das nossas avós... elas passavam o dia todo bordando, trocando receitas com as suas amigas, ensinando-se mutuamente segredos de condimentos, truques, remédios caseiros, lendo bons livros das bibliotecas dos seus maridos, decorando a casa, podando árvores, plantando flores, recolhendo legumes das hortas e educando os filhos. A vida era um grande curso de artesãos, medicinas alternativas e de cozinha. Depois ainda ficou melhor, tivemos os serviços, chegou o telefone, as telenovelas, a pílula anticoncepcional, o centro comercial, o cartão de crédito, a Internet!

---

1 In *Inteligência emocional feminina em alta*, de Ester da Silva Amazonas. Semente de vida, 2013.

Quantas horas de paz a sós e de realização pessoal nos trouxe a tecnologia! Até que veio uma tipa, que pelo visto não gostava do corpinho que tinha, para contaminar as outras rebeldes inconsequentes com ideias raras sobre "vamos conquistar o nosso espaço". Que espaço era esse, se já tínhamos a casa inteira, o bairro era nosso, o mundo a nossos pés? Tínhamos o domínio completo dos nossos homens, eles dependiam de nós, para comer, vestirem-se e para parecerem bem à frente dos amigos. E agora? Onde é que eles estão?

Nosso espaço?! Agora eles estão confundidos, não sabem que papel desempenham na sociedade, fogem de nós como o diabo da cruz. Essa piada acabou por encher-nos de deveres. E, o pior de tudo, acabou lançando-nos no calabouço da solteirice crônica aguda!

Antigamente, os casamentos eram para sempre. Por quê? Digam-me por que um sexo que tinha tudo do melhor, que só necessitava de ser frágil e deixar-se guiar pela vida, começou a competir com os machos. A quem ocorreu tal ideia? Vejam o tamanhão dos bíceps deles e vejam o tamanho dos nossos! Estava muito claro que isso não ia terminar bem. Não aguento mais ser obrigada ao ritual diário de ser magra como uma escova, mas com as mamas e o rabo rijos, para o qual tenho que me matar na academia, ou de juntar dinheiro para fazer uma mamoplastia, uma lipo, ou implantes nas nádegas... Além de morrer de fome, pôr hidratantes, antirrugas, padecer do complexo do radiador velho a beber água a toda hora e acima de tudo ter armas para não cair vencida pela velhice, maquiar-me impecavelmente cada manhã desde a cara ao decote, ter o cabelo impecável e não me atrasar com as madeixas, que os cabelos brancos são pior que a lepra, escolher bem a roupa, os sapatos e os acessórios. Não vá não estar apresentável para a reunião do trabalho.

E não só, mas também ter que decidir que perfume combina com o meu humor, ter de sair correndo para ficar engarrafada no trânsito e ter que resolver metade das coisas pelo celular, correr o risco de ser assaltada ou de morrer numa investida de um carro ou de uma moto, instalar-me todo o dia em frente ao PC, trabalhar como uma escrava – moderna, claro –, com um telefone ao ouvido resolvendo problemas uns atrás dos outros, que ainda por cima não são os meus problemas! Tudo para sair com os olhos vermelhos – pelo monitor, porque para chorar de amor não há tempo!

E olhem que tínhamos tudo resolvido, estamos pagando o preço por estar sempre em forma, sem estrias, depiladas, sorridentes, perfumadas, unhas perfeitas, operadas, sem falar do currículo impecável, cheio de diplomas, de doutorados e especialidades. Tornamo-nos supermulheres, mas continuamos ganhando menos que eles e de todos os modos são eles que nos dão ordens! Que desastre! Não seria muito melhor continuar a coser numa cadeira? Basta!

Quero alguém que me abra a porta para que possa passar, que me puxe a cadeira quando me vou sentar, que mande flores, cartinhas com poesias, que me faça serenatas à janela! Se nós já sabíamos que tínhamos um cérebro e que o podíamos utilizar, para que ter que demonstrá-lo a eles? Ai, meu Deus, são 6h10, e tenho que me levantar da cama... Que fria está esta solitária e enorme cama! Ahh... Quero um maridinho que chegue do trabalho, que se sente ao sofá e me diga: "Meu amor, me traz um uísque, por favor?". Ou: "O que há para jantar?". Porque descobri que é muito melhor servir-lhe um jantar caseiro do que empanturrar-me com um sanduíche e uma Coca-Cola light enquanto termino o trabalho que trouxe para casa. Pensam que estou ironizando ou exagerando? Não, minhas queridas amigas, colegas inteligentes, realizadas liberais... e idiotas! Estou falando muito seriamente: "Abdico do meu posto de mulher moderna". E digo mais: a maior prova da superioridade feminina era o fato de os homens esfalfarem-se a trabalhar para sustentar a nossa vida boa! Agora somos iguais a eles!

(autor desconhecido)

Este monólogo ilustra com propriedade a caminhada das mulheres disputando, com os homens, melhores lugares no mercado de trabalho. No entanto, isso não fez bem, pois a sobrecarga das atividades cotidianas tem prejudicado a vida familiar e a elas mesmas quanto a serem mulheres, mães e esposas.

Ainda dá tempo para repensar e recomeçar uma caminhada de reconstrução física, emocional, mental e psicológica. Ame-se primeiro, valorize-se, cuide-se, olhe-se no espelho e diga: "Eu sou assombrosamente maravilhoso(a)".

LEMBRE-SE

Temos uma só vida,
não sabemos quanto tempo vamos viver,
então precisamos viver bem.

2

POUPE-SE

A Bíblia tem resposta e solução para tudo, e ela nos diz:

Por isso vos digo: não andeis ansiosos pela vossa vida, quanto ao que haveis de comer ou beber; nem pelo vosso corpo, quanto ao que haveis de vestir. Não é a vida mais do que o alimento, e o corpo, mais do que as vestes? Observai as aves do céu: não semeiam, não colhem, nem ajuntam em celeiros; contudo, vosso Pai celeste as sustenta. Porventura, não valeis vós muito mais do que as aves? Qual de vós, por ansioso que esteja, pode acrescentar um côvado ao curso da vida? E por que andais ansiosos quanto ao vestuário? Considerai como crescem os lírios do campo: eles não trabalham, nem fiam. Eu, contudo, vos afirmo que nem mesmo Salomão, em toda a sua glória, se vestiu como qualquer deles. Ora, se Deus veste assim a erva do campo, que hoje existe e amanhã é lançada ao forno, quanto mais a vós outros, homens de pequena fé? Portanto, não vos inquieteis, dizendo: Que comeremos? Que beberemos? Ou: Com que nos vestiremos? Porque os gentios é que procuram todas estas coisas; pois vosso pai celeste sabe que necessitais de todas elas; buscai, pois, em primeiro lugar, o seu reino e a sua justiça, e todas estas coisas vos serão acrescentadas. Portanto, não vos inquieteis com o dia de amanhã, pois o amanhã trará os seus cuidados, basta ao seu dia o seu próprio mal. (Mt 6:25-34)

Não andeis ansiosos por coisa alguma; antes em tudo, porém, sejam conhecidas, diante de Deus, as vossas petições, pela oração e pela súplica, com ações de graças. (Fl 4:6)

Poupar-nos é economizar a nossa vida, para que tenhamos longos e agradáveis dias sobre a terra. Guardar-nos é nos preservar, não gastar a nossa vida com coisas vãs, e evitar os excessos. Quando se é jovem, porém, não se pensa nisso. Os jovens têm muita energia e acreditam que ela nunca vai acabar, porém, conforme os anos vão passando, dão-se conta de que esse combustível vai diminuindo.

Devido aos grandes períodos de desgastes físicos e psicológicos – muitas noites sem dormir, tarefas exaustivas, preocupação financeira, com a criação de filhos e tantas outras coisas –, utilizamos o dobro da energia de nosso corpo. É preciso, então, recuperar o que perdemos e ainda obter qualidade de vida para continuarmos vivendo.

Nos versículos transcritos anteriormente, Deus nos orienta a não sermos ansiosos. Na verdade, Ele sabe que apenas extraímos enfermidade de toda preocupação e ansiedade, por isso nos aconselha a confiar Nele. Os ansiosos, porém, estão com a mente constantemente em ação. Todas as tarefas a serem realizadas são elaboradas na mente deles primeiro, e tudo tem de sair exatamente como planejaram. Caso não concluam as tarefas com eficiência, e todas elas no tempo estipulado, cobram-se sem piedade.

Para os ansiosos, preocupados e perfeccionistas, esperar em Deus é tarefa bem difícil. Se você é um deles, policie-se todos os dias, e vigie-se. Verá que terá uma conquista a cada dia. Será como libertar-se de um vício, fase em que as toxinas são eliminadas a cada dia. Pode-se ter recaídas, mas sempre deve haver esforço para deixarmos as preocupações e aquilo que é desnecessário de lado. Assim, é possível selecionar o que realmente precisa de atenção.

LEMBRE-SE

A vida passa muito rápido,
e viver é muito bom,
aproveite cada minuto.

3

NÃO FAÇA NADA QUE O CANSE DEMASIADAMENTE

Vinde a mim, todos os que estais cansados e sobrecarregados, e eu vos aliviarei. Tomai sobre vós o meu jugo e aprendei de mim, porque sou manso e humilde de coração; e achareis descanso para a vossa alma. (Mt 11:28,29)

Evite atividades que o desagradam. Muitas vezes nos sentimos obrigados a conversar com pessoas que não queremos, que não nos fazem bem, cujos discursos são os mesmos e enfadonhos, tão negativos que nos deprimem. A presença delas não nos faz bem, não nos acrescenta nada e nos rouba a paz.

Há, porém, atividades que nos aborrecem que podem ser adiadas pelo menos por um tempo. Um exemplo claro é o que eu costumo chamar de "a economia sem futuro". Se não gostamos de passar roupa, por exemplo, e isso nos cansa, por que não contratamos alguém que o faça? Não tenho que fazer aquilo que não quero ou que me aborrece, que traz irritação e me rouba a paz.

Eu gosto muito de cozinhar, usar temperos diferentes, experimentar comidas picantes, fazer churrasco. No entanto, passar roupas me deixa muito cansada.

Sinto sono e dor nas costas. Para uma boa sanguínea que sou, qualquer atividade monótona e repetitiva é irritante, por isso tenho uma passadeira que vem à minha casa uma vez por semana. É suficiente, resolve meu problema e eu fico livre dessa atividade.

Há outras tarefas que também amo fazer, como cortar a grama de meu jardim, mas esse trabalho é muito cansativo, exige força, estraga minhas mãos e ainda é perigoso. Então, contrato um jardineiro para cortar a grama e preocupo-me com tirar as folhas velhas das folhagens, podar e mudar as orquídeas de lugar, e isso também me dá prazer.

Quando estou preparando e organizando encontros, aniversários, congressos e muitas atividades envolvendo multidões, a primeira coisa em que penso é: *Como poderei realizar esta tarefa de forma perfeita, com sucesso e com menos trabalho?*

Meu pai é um senhor de bastante idade, já está chegando à casa dos 80 anos, e com sua sabedoria de vida sempre diz algo interessante: "Temos que nos poupar". Ele está corretíssimo. Claro que não devemos ser preguiçosos, mas com certeza, se for para nos preservar, por exemplo, podemos contratar pessoas, serviços, distribuir tarefas, buscar colaboradores, entre outras atitudes. Acredito que aprendi a lição.

Estamos falando de preservar e recuperar a saúde, certo? Se você não está bem de alguma forma, é porque em algum tempo houve esgotamentos. Se sente-se indisposto, com a cabeça cheia, impaciente ou sem vontade para nada, precisa reviver e novamente criar gosto pela vida. Você tem direito de fazer tudo aquilo que lhe dá prazer, portanto todas as situações que lhe trazem algo negativo devem ser adiadas ou excluídas da sua vida.

LEMBRE-SE

Levante-se, coe um bom café, sente-se e desfrute desses pequenos momentos, sabendo que tudo está no controle de Deus.

4

FAÇA O QUE LHE DÁ PRAZER

O coração alegre aformoseia o rosto, mas com a tristeza do coração o espírito se abate. (Pv 15:13)

Este texto de Provérbios fala da alegria e diz que quando estamos alegres ficamos mais bonitos. Se estamos alegres, o desânimo pode nos afetar e se manifestar em nosso semblante, porém, quando estamos tristes, o espírito se abate, sofremos, choramos e sentimos amargura. Tudo isso se manifesta no corpo. A nossa alegria contagia os que estão a nossa volta.

Sempre que estamos felizes, temos uma sensação de bem-estar e sentimos um friozinho na barriga, mantendo-nos sorrindo o tempo todo. Isso acontece devido aos hormônios da felicidade que nosso organismo produz durante essas ocasiões, como a endorfina, um neurotransmissor que se divide em vinte ou mais categorias diferentes. Produzida na glândula pituitária ou na hipófise e armazenada nas vesículas sinápticas, a endorfina tem o efeito de relaxar e dar prazer, causando uma sensação de bem-estar e euforia. Além disso, aumenta a resistência, pois melhora o sistema imunológico, combate os radicais livres, diminui a produção dos hormônios do estresse e melhora a memória. Como liberar esse hormônio? Praticando exercícios físicos. Quanto maior a intensidade, maior a quantidade de endorfinas liberadas. Quanto mais sorrir, mais felicidade permanece com você.

Outro hormônio é a dopamina, um neurotransmissor produzido no cérebro e armazenado nas vesículas sinápticas, que trabalha no sistema de compensação do organismo. Seus efeitos ativam os centros do prazer em determinadas áreas do cérebro. Como liberar esse hormônio? Consumindo alimentos como café, chocolate e gordura, escutando música, principalmente canções de que você goste, fazendo trabalho voluntário ou doações, obtendo conquistas pessoais ou profissionais.

A feniletilamina também é conhecida como o hormônio do amor ou da paixão. É um aminoácido natural que não é produzido pelo corpo humano e que, por isso, só pode ser obtido através dos alimentos, especialmente por meio do queijo e da carne. Este aminoácido é muito importante para a formação de neurotransmissores, por isso sendo capaz de melhorar a memória, aumentar a capacidade mental e até melhorar o humor. Além disso, é um inibidor natural de apetite, sendo usado, por vezes, para ajudar em dietas de emagrecimento.[2]

Timo, do grego *Thymus* (em português, energia vital), é a glândula da felicidade e localiza-se no centro do peito. Se

---

2 Disponível em <https://www.tuasaude.com/fenilalanina>. Acesso em 04 ago. 2018.

estamos contentes, ela aumenta de tamanho; se estamos estressados e doentes, ela se reduz pela metade. Essa glândula foi descoberta por médicos durante necropsias, quando perceberam que ela se encolhia até ficar pequenininha. Alguns acreditavam que ela parava de trabalhar na adolescência, tanto que durante décadas médicos americanos bombardeavam timos adultos perfeitamente saudáveis com megadoses de raios X, convencidos de que seu tamanho "anormal" poderia causar problemas. Mais tarde, a ciência demonstrou que, mesmo após seu encolhimento, na adolescência, ela continuava ativa. Um dos pilares do sistema imunológico, junto com as glândulas adrenais e a espinha dorsal, o timo está ligado aos sentidos e à consciência e à linguagem. É como uma central telefônica por onde passam todas as informações e ligações, fazendo conexões para fora e para dentro. Se somos invadidos por micróbios ou toxinas, essa glândula reage produzindo células de defesa na mesma hora.

No entanto, o timo também é muito sensível a imagens e cores, luzes, cheiros, sabores, gestos, toques, sons, palavras, pensamentos. O amor e o ódio o afetam profundamente. Ideias negativas têm mais poder sobre ele do que qualquer micróbio ou bactéria, pois ao contrário das bactérias, os pensamentos não têm formas concretas, então o timo fica tentando reagir e enfraquece abrindo brechas para sintomas de baixa imunidade como a herpes, por exemplo. Em compensação, ideias positivas conseguem dele uma ativação geral de todos os poderes, lembrando que a fé remove montanhas.

Um detalhe curioso é que o timo fica encostadinho ao coração, que acaba ganhando todos os créditos em relação aos sentimentos, emoções, decisões, jeito de falar, jeito de escutar, estado de espírito etc. Quando falamos, por exemplo, "Fiquei com o coração apertado", isso revela a situação real do timo, que só por reflexo envolve o coração. O próprio ponto cardíaco, fonte enérgica de união e compaixão, tem muito mais a ver com o timo do que com o coração. Se existe tristeza em nosso coração, contudo, transferimos esses sentimentos para os outros, e ninguém quer ficar perto de pessoas que somente têm más notícias para contar, desgraças para relatar.

Eu tinha uma empregada que costumava ouvir os noticiários enquanto trabalhava. Quando eu chegava em casa para almoçar, ela queria me passar o relatório das desgraças que havia ouvido. Não, não, não! Não precisamos acrescentar mais nada neste mundo. Temos muitos problemas nossos para resolver sem que tenhamos de atrair os demais. Hoje em dia, por exemplo, as redes sociais estão repletas de vídeos cujo conteúdo é bastante negativo. Eu digo pra mim mesma: "Não sou obrigada a assisti-los. Não quero saber". E por quê? Já tenho muito com o que me preocupar para ficar absorvendo ainda mais problemas.

Os homens geralmente gostam de limpar o carro, passar cera e dar brilho na lataria. Pois bem, faça isso. Lembro-me de que meu esposo gostava de comprar carros antigos, os quais levava para a garagem de casa, desmontava a parte interna e retirava os bancos, cujas capas lavava e restaurava se houvesse furos. Ele deixava o carro brilhando. Isso o desestressava e ele se sentia produtivo, satisfeito.

Ele sempre me dizia: "Você deve fazer aquilo de que gosta, aquilo que lhe dá prazer". Durante algum tempo, então, quando me sentia estafada, com a cabeça cheia e esgotada, ia ao jardim de minha casa e arrancava todos os joios da grama. Para tanto, adquiri uma cadeirinha de criança, pequena e que me deixava rente ao chão, porém confortável. Com ela eu ia mudando de lugar, mas continuava sentada, até que todo o jardim estivesse limpo. Aquela tarefa me dava muito prazer e me renovava, pois, além de ver o gramado limpo, eu descansava das atividades cotidianas e não pensava em mais nada.

Eu também amo ir ao supermercado comprar comidas *diet*, *light*, conhecer receitas novas, caminhar, correr, ir ao shopping olhar as vitrines e fazer compras (quem não gosta?). Siga, então, o meu conselho: se você gosta de fotografia, fotografe. Se você gosta de dormir, fique tranquilo e durma. Não se sinta culpado por estar pensando em você. Lembre-se de que a pessoa mais importante de sua vida é você.

Há alguns anos cuidei de uma amiga que estava se sentindo muito mal: tinha tonturas, sentia que desmaiaria, a cabeça pesava, a mente ficava confusa e não tinha vontade de comer. Inúmeras idas ao pronto-socorro resultavam em medicamentos e retorno para casa. Em um aconselhamento, orei por ela e investiguei a origem daquele mal-estar. Verifiquei que estava trabalhando até tarde da noite e pela manhã levantava cedo, pois suas vizinhas batiam à sua porta. Para não as desagradar, ela as atendia e depois não dormia mais. Orientei-a, então, para que colocasse um bilhete em sua porta informando a todos que estava dormindo e não queria ser incomodada. Pronto, foi um santo remédio. Ela se recuperou, pois a ausência de uma boa noite de sono estava deixando-a esgotada, irritada e doente.

Também observo que para poder melhorar os rendimentos da família, muitas vezes trabalhamos em mais de um emprego, de manhã, de tarde e à noite. Sabemos que muitas vezes isso é necessário por algum tempo, mas um dia da nossa vida não tem preço.

LEMBRE-SE

Alegre-se nas pequenas coisas, desde um pássaro cantando até as árvores balançando ao vento ou o sorriso de uma criança.

5

Priorize atividades

Sempre pensamos que a nossa maneira de fazer as coisas é a correta. A melhor receita de bolo é a nossa, o melhor brigadeiro é o nosso. Arrisco-me a dizer que o melhor churrasco é o meu, e até mesmo a forma correta de fazer o fogo é a minha. E isso não é verdade. Devemos acreditar que todos têm capacidade e formas diferentes de realizar atividades cujo fim é tão proveitoso quanto o nosso, ou até mesmo melhor. Conseguir se desvincular de algumas coisas, conseguir descentralizar tudo é libertador, pois o excesso de atividades nos rouba momentos preciosos.

Na igreja não é diferente. A própria Palavra nos ensina que somos um corpo, o Corpo de Cristo, e que cada um tem a sua função (e todas as funções são importantes para a saúde do corpo todo). No caso de um pregador, por exemplo, a quem foi dada a missão de transmitir a Palavra de Deus, ele não precisa ficar se preocupando com cada cadeira no seu lugar, em varrer o chão, decorar o ambiente com um vaso ou uma planta etc. Ele até pode fazer essas coisas, mas há outra função para qual Deus o designou. E todo o tempo que ele se preocupa com as outras atividades ele poderia estar se dedicando à função dele para entregar o melhor para Deus e para o povo. O mesmo ocorre para todas as outras funções dentro da igreja ou de qualquer outra organização. Se cada um se dedicar à sua função com zelo, entregará um resultado melhor.

No caso de um empresário, ou de um cargo de liderança e ou coordenação, toda a equipe vai se beneficiar se ele não tiver que se preocupar com atividades como atender ao telefone, recepção de clientes, pacientes ou contribuintes, e focar no financeiro ou no alcance das metas estratégicas. Enfim, dedique-se somente aquilo que é essencial que você faça ou saiba. Produtividade não se mede apenas com quantidade, mas também com qualidade, então nem sempre é necessário chegar tão cedo para iniciar o expediente. Reserve um tempo para fazer seus exercícios ou uma caminhada, não acumule funções, distribua-as, não leve trabalho para casa... Tudo isso contribuirá para um tempo de qualidade e eficiente dentro e fora do trabalho.

Eu dei exemplos de liderança em instituições, mas o mesmo se aplica às atividades do lar. Ser uma boa dona de casa não significa que ela deve fazer todas as atividades sozinha. Saber delegar também faz parte dessas funções. Todos podem ajudar e a matriarca da família pode se dedicar não só à casa, mas à família como um todo, buscando um lar aconchegante física e emocionalmente.

Todos nós precisamos parar em algum momento. Ao chegar em casa, relaxe e deixe as atividades do trabalho que você não concluiu fora de seu pensamento. Não comente acontecimentos cotidianos que não têm tanto valor. Costumo falar que caminhoneiro somente fala de caminhão, professor comenta sobre os alunos e médico, dos pacientes. Há hora para tudo, e ao chegar em casa é hora de fazer nada. É o momento de relaxar.

Há alguns dias, assisti com meu filho Cristian a uma série da qual não me lembro o nome, mas que me ensinou uma grande lição. Na trama, o personagem principal fez uma ilustração com dois copos: um deles, o copo A, com água, representava informações e acontecimentos diversos, e situações sem muito valor, como postagens do Facebook, jornais, revistas fúteis; no outro, o copo B, havia um líquido dourado simbolizando informações preciosas, conhecimento, cultura, lembranças boas, inteligência. Conforme a água do copo A ia sendo transferida para o copo B, o líquido dourado derramava. Ou seja, se nos alimentamos com informações de pouco valor, banais ou que nos acrescentam pouco, tudo aquilo que tem muito valor será substituído. Poderemos regredir se continuarmos nos alimentando e insistindo em gastarmos nosso tempo com baboseiras.

Por essa razão, assisto muito pouco à televisão e menos ainda a novelas. Não gosto de pensar que gastei o precioso tempo da minha vida me alimentando com coisa nenhuma. Antes, gosto de ler bons livros, conversar com meu esposo, meus filhos, enfim, preocupar-me com o que de fato tem valor.

Tenho o hábito de, ao chegar de viagem, tirar o calçado na porta, dar uma volta no jardim com os pés descalços, olhar minhas plantas e comentar que minhas orquídeas sobrevivem de amor, pois olho para elas, as admiro, jogo-lhes um beijo, e elas respondem com cachos de flores quase o ano todo. Isso é bom e saudável, pois me alegro com as pequenas e com as grandes coisas que Deus criou.

Amanhã é outro dia e certamente o Senhor tem novidades. Amo o versículo que diz:

Em paz me deitarei e em paz me levantarei, porque o Senhor está comigo. (Sl 4:8)

Outra versão diz:

Em paz me deito e logo pego no sono, porque, Senhor, só tu me fazes repousar seguro.

Pense nisso e faça esta oração todos os dias antes de dormir.

Porque não passa de um momento a sua ira; o seu favor dura a vida inteira. Ao anoitecer, pode vir o choro, mas a alegria vem pela manhã. (Sl 30:5)

Deus tem solução para tudo e a nossa preocupação e o nosso desespero não ajudarão em nada a solucionar nossos problemas. Muitas vezes não estamos vendo nem crendo em uma resolução das dificuldades cotidianas, mas Deus, que tudo vê e tudo sabe, inesperadamente cria um escape, e traz uma luz no fim do túnel, uma saída. No entanto, é preciso ter fé Nele e crer verdadeiramente.

LEMBRE-SE

Cada dia que amanhece é uma nova oportunidade que Deus nos dá para começarmos novos projetos.

6

Reveja seus conceitos

Como foi afirmado em capítulo anterior, não precisamos estar presentes para que atividades comuns sejam realizadas. Mesmo que tudo não saia do seu jeito, feche os olhos, pois a vida é curta e você tem apenas uma. Poupe-se e otimize seu tempo para você, sem gastá-lo com coisas vãs. Quando você se desgasta com tarefas das quais não gosta, sobra pouco tempo e energia para aproveitar sua família, ou até mesmo para fazer algo que lhe dá prazer.

A seguir, conheça alguns sinais de estresse. Será que você se encaixa em alguns deles?

1. Insônia

Apesar de nem todos os casos de **insônia** serem causados por **estresse**, existe uma ligação entre esses dois estados. Se você sofreu de insônia a vida toda, provavelmente os episódios não têm nada a ver com estresse; contudo, se costuma reparar que a ausência de sono lhe acomete em períodos tensos, as duas coisas podem estar relacionadas.

2. Doenças

O estresse enfraquece o **sistema imunológico**, o que significa que o organismo fica mais vulnerável a gripes, resfriados e outros vírus que circulam por aí. Se aquele resfriado, que devia desaparecer em poucos dias, dura semanas, pode ser um sinal de **estresse**.

3. Cansaço extremo

Mesmo após uma noite de sono de oito ou dez horas, você ainda se sente cronicamente letárgico e **exausto**? **Preocupação** e **estresse** são citados como duas razões comuns por pessoas que se sentem fisicamente esgotadas, quando, em casos de estresse extremo, vem a sensação de sobrecarga.

4. Dor muscular constante ou tensão

Perceber-se dizendo todos os dias "preciso de uma massagem" pode ser sinal de que os níveis de estresse estão altos demais. O estresse afeta os níveis de **adrenalina** no organismo, que tem um efeito direto sobre os **músculos** e **nervos**. Há também outros fatores em jogo. Quando estamos estressados paramos de fazer exercício ou dormimos mal, por exemplo, contribuindo para o surgimento das dores musculares.

5. Dores de cabeça constantes

Como se todos esses sintomas não fossem o suficiente, o estresse pode causar dores de cabeça. Os episódios podem durar de trinta minutos a dias e são caracterizados por uma dor ou pressão na testa ou na parte de trás da cabeça. Apesar de não ser tipicamente severa, a dor é mais um sinal de que seu corpo está passando por um elevado estresse. Não deixe de procurar tratamento para essas dores de cabeça porque elas, somadas ao estresse diário, podem levar a cefaleias de tensão crônica.

Existem muitos outros sintomas de estresse que você pode estar vivendo, como os listados:

- cansaço;
- tristeza;
- aflição;
- pânico;
- medo e agressividade constantes;
- crises de tensão e angústia;
- afastamento das atividades de trabalho;
- incapacidade de domínio sobre as emoções;
- impotência na resolução de problemas;
- dor na coluna;
- dor de cabeça;
- grande agitação;
- alteração do desempenho de suas funções normais;
- fixação num determinado problema de trabalho;

- diminuição da produtividade e eficiência;
- perda de memória;
- sudorese intensa (suor, transpiração intensa);
- perturbação;
- aceleração do batimento cardíaco;
- irritação;
- isolamento;
- hipertensão;
- mau humor;
- úlcera;
- medo;
- angústia;
- esgotamento.

Por isso é crucial economizar suas forças e pedir aos outros que façam aquelas tarefas que não necessitam de sua presença, mesmo que pense que não sairá com a exatidão esperada.

LEMBRE-SE

Você não pode mudar o passado, mas o futuro depende de suas decisões no presente, então viva o presente.

7

NÃO SE COBRE

A busca pela igualdade

A briga entre homens e mulheres por direitos iguais permanece. Essa formulação de conquista é equivocada, pois entendo que deveríamos lutar pela igualdade de direitos civis e sociais, e pela valorização financeira e moral do potencial feminino no desenvolvimento de toda a sociedade nas suas mais diferentes áreas.

No momento em que a mulher conquista seu espaço no mercado e esconde que a vida familiar dá trabalho e que necessita muito do seu tempo, ela oculta que seu desempenho profissional é, por isso, prejudicado. E ela já conquistou muito, isso é inegável. Todavia, não administrou, não negociou. Ao contrário, assumiu tudo e transformou-se em Mulher Maravilha.

Com tantas coisas maravilhosas e mil sóis de imensas oportunidades que pairam sobre nós, desde então, temos de encarar a dura realidade de um contingente enorme de mulheres exaustas, frustradas, estressadas, esgotadas emocionalmente e fisicamente doentes. Aos olhos da sociedade, a luta pela igualdade de direitos foi inevitável, mas creio que, aos olhos de Deus, tal conquista poderá ser reformada com mais saúde e conforto pessoal e familiar.

Quando somos pais e mães de família ou líderes na igreja ou na empresa, sempre estamos às voltas com metas ou alvos a serem alcançados. Pois bem, é necessário cumprir com nossas obrigações e nossos compromissos, porém não devemos nos cobrar excessivamente. Não se culpe, portanto, se por acaso a loja não atingiu a meta exigida ou se você não conseguiu chegar a tempo em uma reunião. Trabalhar além do horário, dormir tarde e pouco são venenos para a saúde. Quando não dormimos bem ou o suficiente, ficamos irritados e indispostos, cansados. Nossas forças somente são renovadas quando estamos dormindo.

Quando o desgaste mental, físico e emocional está presente, iniciam-se as cobranças por não produzirmos mais como deveríamos ou não possuirmos tanta energia como antes, tampouco saúde para as atividades de outrora. O desejo de trabalhar mais, ganhar mais dinheiro ou adquirir mais posses permanece e, então, nós nos cobramos. Precisamos entender que temos o direito de fazer aquilo que está ao nosso alcance até que nosso organismo esteja recuperado, e que não devemos nos deixar influenciar pela crítica de jovens, por exemplo, que não se cansam nem se fatigam, dormem tarde, brincam, correm, praticam esportes e pensam que jamais mudarão.

Tenho uma amiga que vivia reclamando mesmo com uma casa grande, com um jardim maravilhoso, em um lugar nobre da cidade, ou seja, mesmo tendo o que muita gente deseja. Ela reclamava de ter muitas tarefas de limpeza, mesmo tendo uma ajudante, pois minha amiga não confiava na moça. Certa vez, a ajudante não removera de debaixo do sofá uma barata que fora morta dias antes, e isso fez com que minha amiga não confiasse mais nela e absorvesse todas as tarefas da moça. Para solucionar o problema, ela resolveu se mudar para um apartamento menor que fosse mais prático de limpar, mas você acredita que, ao mudar de endereço, essa pessoa mudará suas atitudes? Claro que não! Mesmo em outro lugar ela continuará escrava dela mesma, de suas obsessões por limpeza e neuroses.

Para tudo há limites. Não podemos trocar as coisas boas da vida por prisões que nós mesmos desenvolvemos. Vejo mulheres que todos os dias levantam cedo e trabalham muito em suas casas, mesmo não tendo criança pequena para cuidar, apenas porque são escravas de si mesmas.

Desse modo, não se cobre tanto, levante mais tarde, durma após o almoço, deixe as tarefas de casa para o outro dia. O mundo não vai acabar se você deixar a limpeza da casa para amanhã. Se o seu almoço foi o trivial, ou se sentiu vontade de comer em algum restaurante, ótimo. Não se perde o valor por isso. Não se martirize com tantas tarefas diárias e repetitivas.

LEMBRE-SE

Você é a pessoa mais importante que existe na terra, invista em você, ame-se, coloque-se em primeiro lugar.

8

Deixe de fazer

Tudo tem o seu tempo determinado, e há tempo para todo propósito debaixo do céu: há tempo de nascer e tempo de morrer; tempo de plantar e tempo de arrancar o que se plantou; tempo de matar e tempo de curar; tempo de derribar e tempo de edificar; tempo de chorar e tempo de rir; tempo de prantear e tempo de saltar de alegria; tempo de espalhar pedras e tempo de ajuntar pedras; tempo de abraçar e tempo de afastar-se de abraçar; tempo de buscar e tempo de perder; tempo de guardar e tempo de deitar fora; tempo de rasgar e tempo de coser; tempo de estar calado e tempo de falar; tempo de amar e tempo de aborrecer; tempo de guerra e tempo de paz. Que proveito tem o trabalhador naquilo com que se afadiga? Vi o trabalho que Deus impôs aos filhos dos homens, para com ele os afligir. Tudo fez Deus formoso no seu devido tempo; também pôs a eternidade no coração do homem, sem que este possa descobrir as obras que Deus fez desde o princípio até ao fim. Sei que nada há melhor para o homem do que regozijar-se e levar vida regalada; e também que é dom de Deus que possa o homem comer, beber e desfrutar o bem de todo o seu trabalho. (Ec 3:1-13)

Vivemos em um mundo capitalista onde as informações chegam até nós com impressionante rapidez e a todo tempo. O maravilhoso texto transcrito no início deste capítulo fala que há tempo para tudo. Quando estamos no limite, nos recuperando, ou já doentes, temos de entender que precisamos deixar de fazer determinadas tarefas por um determinado tempo. Tomando cuidado para não ser mal interpretada, refiro-me aos excessos que temos.

Eu sou descendente de italianos, e nasci, cresci e permaneci até a minha juventude na cidade de Erechim, no estado do Rio Grande do Sul. Naquela região, as famílias costumam comer reunidas à mesa, fazem pão, bolachas e todos os tipos de massa e guloseimas em casa. Sendo assim, sempre fabriquei meu próprio pão, bolos, biscoitos etc., acreditando sempre que o que eu produzia era mais saudável e economicamente mais viável a minha família. Com o passar do tempo, porém, as crianças foram crescendo e adquirindo outros hábitos, alimentando-se diferente, ingerindo menos carboidrato e mais proteína e frutas. No entanto, mesmo havendo desperdício, eu acreditava que ainda deveria produzir os mesmos alimentos e nas mesmas quantidades.

Eu não tinha esse dever nem essa obrigação, tampouco havia essa necessidade, já que morávamos a meio quarteirão de uma das melhores padarias da cidade. No entanto, eu estava ainda pensando na obrigação de fazer, fazer, fazer... Cozinhar não pode nos trazer peso, canseira e enfado. Ainda faço bolo, pães e doces, mas eventualmente e quando meus filhos pedem.

Ocupamo-nos de diversas atividades fúteis, muitas das quais desnecessárias. No ritmo acelerado de nossa vida, somos condicionados às tarefas diárias em uma frequência absurda e, o mais terrível, disponibilizamos a nossas crianças e adolescentes telefone celular e computador para que se distraiam e se cansem, jogando ou assistindo a intermináveis desenhos e filmes. Eles, então, crescem com a mente cheia de informação desnecessária ou precoce à qual estão expostos, resultado também da grande quantidade de casamentos destruídos e da guarda compartilhada dos filhos.

Para podermos manter ou recuperar a saúde, portanto, é muito importante deixar de fazer aquelas atividades secundárias. Pense nisso.

LEMBRE-SE

Somos projetos de Deus e nascemos para dar certo.

9

NÃO ACEITE QUE OS OUTROS DECIDAM O QUE VOCÊ DEVE FAZER

Não permita que o ruído das opiniões dos outros abafe sua voz interior. (Steve Jobs)

Muitas pessoas – embora umas mais, outras menos – precisam de uma dose de aprovação, desejando agradar e se sentir produtivas, admiradas. Desde criança temos essa necessidade; caso contrário, nossa autoestima será afetada para sempre. Se, por exemplo, uma mãe diz ao filho que ele é um desastre, que não confia nele, focando em seus defeitos, e não em suas virtudes, essa criança crescerá com a autoestima enfraquecida e, portanto, procurará nos outros a aprovação que não lhe foi concedida nas fases da construção de sua identidade.

Em meu curso de pós-graduação em Psicopedagogia Clínica e Institucional, na matéria "Dificuldades da Criança no Aprendizado", estudamos sobre como as experiências da escola interferem em nossa vida adulta. *Bullying* de colegas, professores mal preparados, matérias cobradas excessivamente, ser ridicularizado em frente aos colegas... tudo isso traz dificuldades para a vida profissional de muitas pessoas. Veja, por exemplo, o meu caso. Lembro-me de que, até pouco tempo, tinha aversão à matéria de Inglês, pelo simples fato de ter sido traumatizada na escola pelo verbo *to be*. Sempre tive horror a essa matéria, que, na atualidade, é tão necessária.

A família é o pilar de sustentação na vida do ser humano, e vemos que as más experiências, principalmente aquelas vividas na infância, portanto, interferem no comportamento adulto.

Precisamos aprender a dizer não e a deixar de, inconscientemente, agradar a todos. E esse é um grande desafio, porque pensamos que as pessoas dependem de nós para viver. Aprender essa lição, e no momento apropriado, é preservar ou melhorar a saúde. Por que você precisa dizer sim, quando não deveria fazê-lo?

> *E, tendo mandado que a multidão se assentasse sobre a relva, tomando os cinco pães e os dois peixes, erguendo os olhos ao céu, os abençoou. Depois, tendo partido os pães, deu-os aos discípulos, e estes, às multidões. Todos comeram e se fartaram; e dos pedaços que sobejaram recolheram ainda doze cestos cheios. E os que comeram foram cerca de cinco mil homens, além de mulheres e crianças. Logo a seguir, compeliu Jesus os discípulos a embarcar e passar adiante dele para o outro lado, enquanto ele despedia as multidões. E, despedidas as multidões, subiu ao monte, a fim de orar sozinho. Em caindo a tarde, lá estava ele, só.* (Mt 14:19-23)

Nesse trecho da Bíblia, que relata a multiplicação dos cinco pães e dos dois peixinhos para milhares de pessoas, temos conhecimento de que as pessoas cercavam Jesus, pois tinham interesses. Algumas estavam famintas, outras necessitavam de cura, libertação de demônios ou palavras de esperança. O versículo 23, porém, diz que Ele despediu a multidão, subiu ao monte para orar e estar só. Jesus também tinha a necessidade de estar sozinho. Ele não operava milagres quando queriam, mas quando achava necessário.

Diversos líderes evangélicos estão sucumbindo em estresse, esgotamento físico e mental devido à grande exigência dos discípulos, ovelhas de seu rebanho e de suas lideranças, e aos horários a cumprir e às agendas e mais agendas. Muitos exigem de seus líderes ser curados, libertos, prosperar, mas não estão dispostos a se esforçar, a romper suas dificuldades para ir em busca dos próprios milagres. Acabam, então, escravos do relógio, sem tempo para fazer exercícios físicos, comer e dormir bem. Acabam não tendo atividades de lazer, não tiram férias com a família, e muito menos se divertem. São escravos do ativismo, do trânsito, passam o dia cansados, com fome e com sono. Pois muitas pessoas chegam à igreja com inúmeros problemas e querem que o pastor seja o solucionador de tudo, imediatamente e a todo tempo. Agem como se o pastor possuísse um corpo sobre-humano ou glorificado, que não cansa. Se não bastasse a cobrança nas igrejas, muitos esperam que sua vida seja perfeita em todas as áreas, familiar, financeira, acadêmica, empresarial etc.

Aprender a dizer não. "Basta!", "Chega!", "Espere." e "Agora não" são respostas que terão de fazer parte de seu vocabulário a partir de agora. Observei que as pessoas costumam buscar a solução nos outros e não gostam de ouvir "não". No fundo, querem livrar-se da responsabilidade. Essa pequena palavra, "não", pode colocar limites para que suas forças não sejam sugadas. Não há necessidade de aceitar tudo o que estão exigindo de você.

LEMBRE-SE

Não aceite a carga de ninguém,
apenas a de Deus, que é leve e suave.

10

Cuide-se! Só você sabe o que passa.

Eu irei adiante de ti, endireitarei os caminhos tortuosos, quebrarei as portas de bronze e despedaçarei os ferrolhos de ferro; dar-te-ei os tesouros escondidos e as riquezas encobertas, para que saibas que eu sou o Senhor, o Deus de Israel, que te chama pelo teu nome. (Is 45:2,3)

Deus o conhece pelo nome, e Ele fala que estaria na sua frente, abrindo portas e quebrando o mal. E para provar a nós mesmos que nos ama, nos sustentaria, fazendo-nos prosperar para que lembremos que Ele é quem fez isso.

Não adianta se queixar pelos cantos. As pessoas têm seus problemas para administrar, então poucos querem ouvi-lo. Infelizmente, falta paciência e tolerância para com idosos, muito menos disposição para cuidar deles ou acompanhá-los ao médico, por exemplo. Tudo isso se tornou tarefas a serem realizadas por serviço terceirizado.

Lembro-me de quando eu relatava o que estava sentindo, acreditando que iriam se compadecer de mim, ou sentir pena, por eu estar vivendo as crises de minha alma. Não acredite que alguém o ajudará a diminuir a carga, as tarefas, ou que, de alguma forma, fará que sua vida seja menos dura para você. Isso de maneira alguma vai acontecer. Todos têm um temperamento e uma história, então aquilo que é importante para um pode não ser para o outro. Aquilo que é pesaroso para uns não o é para outros. O que é difícil para mim pode não ser para você. Aquilo que é extremamente pesaroso para você pode não ser para seu marido ou sua esposa.

Em uma noite de quinta-feira, eu, meu filho Nicolas e minha nora Fernanda fomos levar o doce Arthur, meu netinho, a um escorregador em uma praça, com aquelas bolinhas de ar. Pois bem, ele ficou brincando, mas ninguém o ajudava a subir as escadinhas para que descesse escorregando. Eu, então, subi com ele e o soltei, fazendo-o escorregar lindamente. Fiquei com vergonha de descer as escadas, mas, receosa, acabei escorregando. Foi uma sensação impactante com sabor de medo. Fiz isso quatro ou cinco vezes, mesmo sentindo em friozinho na barriga, já que aquilo era uma barreira vencida para mim. Aquela pequena altura e a sensação de descer por ela seriam algo que em outros tempos me dariam medo. Prendi com força meus cotovelos, tentando me firmar na lona para descer, que eles queimaram e ardeu muito, machucando-os. Nós nos divertimos muito naquela noite. Foi uma grande vitória, e agradeci a Deus por mais uma cura.

Para muitos, essa experiência é simples e sem graça. No entanto, cada um tem uma história e, como eu disse, cada um tem uma estrutura. Você sabe a sua.

LEMBRE-SE

Deus nos conhece pelo nome
e estará sempre conosco.

11

Ouça mais e fale menos

[...] Todo homem, pois, seja pronto para ouvir, tardio para falar, tardio para se irar. (Tg 1:19)

No muito falar não falta transgressão, mas o que modera os lábios é prudente (Pv 10:19)

Se alguém supõe ser religioso, deixando de refrear a língua, antes, enganando o próprio coração, a sua religião é vã. (Tg 1:26)

Disse comigo mesmo: guardarei os meus caminhos para não pecar com a língua; porei mordaça à minha boca, enquanto estiver na minha presença o ímpio. (Sl 39:1)

Prata escolhida é a língua do justo, mas o coração dos perversos vale mui pouco. (Pv 10:20)

Digo-vos que de toda palavra frívola que proferirem os homens, dela darão conta no Dia do Juízo; porque, pelas tuas palavras, serás justificado e, pelas tuas palavras, serás condenado. (Mt 12:36,37)

Vemos na Bíblia estes e muitos outros versículos que abordam o cuidado e a vigilância que precisamos ter com a nossa língua, com aquilo que proferimos. Devemos ouvir mais e falar menos – conselho que parece insignificante. Falar muito e principalmente de assuntos desagradáveis e com pessoas inconvenientes, porém, nos faz muito mal. Enchemos a mente de nada. Fuja de assuntos que o aborrecem e que, de alguma forma, tragam tristezas. Não tenha receio de sair de perto de pessoas negativas.

Lembro-me de que, durante muito tempo, fiquei sem visitar amigos ou familiares em hospitais, pois aquele ambiente e o assunto daquele lugar me faziam mal. Se você é uma pessoa com temperamento sanguíneo, que conversa com todos e puxa assunto na fileira do banco, no caixa do supermercado, evite ambientes hospitalares até que suas forças estejam revigoradas. Devemos economizar força até mesmo no falar.

Estamos na era em que nunca se falou tanto sobre economia de água e de recursos naturais, bem como de energia, educação, saúde. No entanto, pouco se fala em economizar as energias física, emocional e psíquica. Proteja a mente e o corpo das violências emocionais, para que na velhice não se perca a lucidez.

No livro *Gestão da Emoção*, de Augusto Cury, o autor cita que o maior erro da espécie humana é devorar não só os recursos naturais do planeta, mas os recursos da mente. Primeiro destruímos o planeta psíquico pelos altos índices de gastos de energia emocional inútil; depois, o planeta físico.

O mundo da globalização, a rapidez das informações e os acessos rápidos e instantâneos mundiais de todos os tipos de conhecimento têm facilitado muito o avanço em todas as áreas, como saúde, economia e conhecimento, mas estamos sentindo saudades dos tempos em que sentávamos à mesa ou em cafés e falávamos dos acontecimentos cotidianos e das histórias em família. Hoje, procura-se um lugar com ar-condicionado e um bom ponto de acesso ao Wi-Fi. O índice de gasto de energia física é baixo, mas emocional e mental é altíssimo, por isso cada dia mais há pessoas sem inteligência, medrosas, inseguras e incapazes de gerenciar as próprias emoções.

Recentemente, ouvi o desabafo da proprietária de um restaurante dizendo que ambientes sem acesso gratuito à internet estão fadados ao fracasso, pois se busca a interação pelo celular, e não pessoalmente. Ouvi ainda uma declaração de uma jovem senhora que afirma estar com muitos problemas no casamento. Ela e o marido conversam em casa, na sala, mas pelo WhatsApp. Ela faz os desabafos para que ele os leia, pois pessoalmente eles não conseguem manter um diálogo sem que se ofendam. Inúmeras pessoas, ao contrário, quando estão esgotadas, não querem conversar. Após um dia de trabalho estressante, muitos esposos chegam em casa, jogam-se no sofá e somente querem um jantar bem gostoso e relaxar. Lamentável que as emoções estejam tão fora de controle.

Nosso cérebro está sempre em batalha, tentando amenizar os ataques diários, para proteger a mente. Assim, precisamos ajudá-lo nessa tarefa, nos guardando de todo tipo de agressão.

Se você deseja manter a sua saúde ou recuperá-la, fale menos e ouça mais. Diminua o tempo de uso do celular e da internet. Se quiser conversar, converse com Deus, que, certamente, terá uma palavra de refrigério para sua vida.

Costumo ir à academia todos os dias e me recuso a levar o celular. Vejo inúmeras pessoas, entre um exercício e outro, ou até durante as execuções dos exercícios, bisbilhotando as conversas do Facebook e do WhatsApp. Muitas nem sabem o mal que isso as causa, pois o cérebro não se concentra nem em um assunto nem em outro.

O próprio Deus declara que há tempo para todas as coisas:

> *Tudo tem o seu tempo determinado, e há tempo para todo propósito debaixo do céu: há tempo de nascer e tempo de morrer; tempo de plantar e tempo de arrancar o que se plantou; tempo de matar e tempo de curar; tempo de derribar e tempo de edificar; tempo de chorar e tempo de rir; tempo de prantear e tempo de saltar de alegria; tempo de espalhar pedras e tempo de ajuntar pedras; tempo de abraçar e tempo de afastar-se de abraçar; tempo de buscar e tempo de perder; tempo de guardar e tempo de deitar fora; tempo de rasgar e tempo de coser; tempo de estar calado e tempo de falar; tempo de amar e tempo de aborrecer; tempo de guerra e tempo de paz. Que proveito tem o trabalhador naquilo com que se afadiga? Vi o trabalho que Deus impôs aos filhos dos homens, para com ele os afligir. Tudo fez Deus formoso no seu devido tempo; também pôs a eternidade no coração do homem, sem que este possa descobrir as obras que Deus fez desde o princípio até ao fim. Sei que nada há melhor para o homem do que regozijar-se e levar vida regalada; e*

também que é dom de Deus que possa o homem comer, beber e desfrutar o bem de todo o seu trabalho. Sei que tudo quanto Deus faz durará eternamente; nada se lhe pode acrescentar e nada lhe tirar; e isto faz Deus para que os homens temam diante dele. (Ec 3:1-14)

Lembro-me de que eu fugia de quem falava muito, pois parecia que o assunto pesava na minha cabeça. Se você se sente como eu me sentia, siga algumas dicas de como falar menos, sem que seu interlocutor se sinta desprezado.

Ouça o que outras pessoas estão dizendo

Isso não significa apenas não falar, mas ouvir ativamente, e considerar as ideias alheias com seriedade. Muitas vezes, pessoas que falam demais não prestam atenção no que os outros estão dizendo por estarem ocupadas pensando no que dirão a seguir. Não se preocupe com isso, apenas escute.

Em vez de interromper, dê um feedback não verbal, que mostre à pessoa que você está prestando atenção

Acene, sorria, incline a cabeça um pouco para o lado e olhe para a pessoa. Você também pode mostrar que está ouvindo ativamente fazendo barulhos apropriados, como "uhum". Evite, porém, excessos!

Quanto às pausas, muitas vezes, se você disser apenas uma palavra, a outra pessoa entenderá

Não há nenhum problema com o silêncio. Se há diversas pessoas na conversa, apenas diga "entendi", e deixe os outros darem suas opiniões. Seja ouvinte, porque muitas vezes é o que o outro espera de nós: que lhe demos atenção.

Faça perguntas para iniciar novos assuntos

Indague sobre algum assunto que você já conheça da vida de seu interlocutor, como família, filhos, curso, faculdade, profissão, e deixe-o falar. Ao fazer isso, você mostra interesse nos assuntos que dizem respeito a outra pessoa e há um estreitamento dos relacionamentos, pois, assim, observa-se interesse de sua parte sobre a vida dela.

Quando alguém fizer uma pergunta, responda

Quando você observar que o assunto está acabando, ficará interessante compartilhar algo de sua vida para estreitar relacionamentos. Normalmente, gostamos de conversar sobre áreas diferentes dependendo de com quem estamos. Mostre, então, interesse sobre assuntos que particularmente o agradam. Se alguém que você conheça cultiva rosas do deserto, das quais você também gosta e as quais cultiva, então fale sobre trocarem espécies ou comprar sementes pela internet, por exemplo.

Pense antes de falar

Sempre espere um pouco antes de responder e reflita sobre qual resposta você dará, para não entrar em assuntos prolongados e desgastantes. Exemplo disso é falar sobre política, desemprego, dívidas, tópicos que não têm fim e sobre os quais cada um tem uma opinião, podendo provocar diversas divergências.

Fale por último

Perdemos energia quando falamos muito. Se estiver em roda de amigos, apenas sorria e deixe que os outros falem. Normalmente, quem fala muito acaba ofendendo alguém ou fazendo comentários negativos. Se surgirem críticas ou comentários negativos ao seu respeito, não se importe. Isso será irrelevante para você.

Quem fala pouco é sábio

A própria Bíblia diz isso em Provérbios 10:19-21:

No muito falar não falta transgressão, mas o que modera os lábios é prudente. Prata escolhida é a língua do justo, mas o coração dos perversos vale mui pouco. Os lábios do justo apascentam a muitos, mas, por falta de senso, morrem os tolos.

Muitas vezes eu me enfiei em diversas enrascadas por falar demais, ou por não controlar meu tom de voz.

Aprenda, então, a falar menos e com muito mais sabedoria: além de não se cansar, arrumará menos problemas.

LEMBRE-SE

É sábio ouvir
mais e falar menos.

12

NÃO EXIJA TANTO DE VOCÊ NESTE MOMENTO

Sabemos que a leitura, entre seus muitos benefícios, estimula a memória, expande a capacidade de nossa mente e nos mantém bem informados. No entanto, quando buscamos nos recuperar de desgastes e estafas físicas e mentais, essa tarefa pode ser dispensada por algum tempo.

Na Universidade de Michigan, um estudo revelou que as pessoas aprendem melhor se, depois de uma aula, forem dar uma caminhada num bosque em vez de irem andar em um ambiente urbano agitado, sugerindo que o bombardeio de informações deixa o cérebro fatigado. Realizar tarefas simultâneas, como ver um vídeo no celular enquanto espera no ponto de ônibus, pode, na verdade, estar forçando a mente.[3]

Muitas vezes, na ânsia de buscar solução para os problemas, acabamos lendo muito, falando com diversas pessoas e até mesmo assistindo à televisão em excesso. Não se exija a grandes períodos de abstinência de alimentos, com jejuns prolongados, ou leitura extensa de livros. Mantenha-se na

3 Disponível em: <https://oglobo.globo.com/sociedade/saude/manter-mente-ocupada-cansa-cerebro-causa-dificuldades-de-aprendizagem-memoria-2960742>. Acesso em 04 ago. 2018.

Palavra de Deus, que é a Bíblia, crendo nas promessas, e lembrando-se delas, principalmente nas crises de desânimo. E as grandes leituras, textos que não sejam dinâmicos, deixe para outra oportunidade.

Sempre que vou ao salão de cabeleireiro a fim de cortar meu cabelo, o rapaz coloca uma revista de fofocas em meu colo para eu folhear. Muitas vezes agradeci e dispensei a leitura. Sabia, em meu íntimo, que não valeria a pena, pois eram assuntos fúteis que não me acrescentariam em nada. Limitava-me a observar o corte e a finalização do penteado. Na última vez em que lá estive, ante a minha recusa, ele mesmo falou que aquilo seria encher a cabeça de nada.

LEMBRE-SE

Guarde os pensamentos e creia que
você é mais do que vencedor
em Jesus Cristo.
Com Ele a vitória é garantida!

13

Durma sem música ou televisão ligada. A mente precisa descansar

Em paz me deito e logo pego no sono, porque, Senhor, só tu me fazes repousar seguro. (Sl 4:8)

Não existe nada melhor do que saber que estamos seguros e guardados, a nós e nossa família, principalmente quando vamos dormir. Um adulto jovem saudável precisa em torno de sete a oito horas de sono por noite. Nada melhor que uma boa noite de sono para se restabelecer após um dia estressante, inúmeras atividades e cansaço físico. De acordo com o neurologista André Gustavo Lima, "o sono é a principal forma de o nosso organismo se recuperar do cansaço e do estresse ao qual somos submetidos diariamente".[4] Observei e estudei que, quando não dormimos bem, além de nos tornar mal-humorados, podemos ter lapsos de memória, vertigens, dificuldade de concentração e muitas outras coisas.

---

4 Disponível em: <https://www.terra.com.br/vida-e-estilo/saude/bem-estar/dormir-com-tv-ligada-faz-mal-veja-habitos-que-interferem-no-sono>. Acesso em 04 ago. 2018.

Ter uma boa noite de sono é essencial. Ao dormir, o seu quarto deve estar do seu agrado. Não coloque som algum, tampouco deixe a televisão ligada, pois o cérebro não para; pelo contrário, ele fica mais atento, mantendo-se em estado de vigilância enquanto dormimos. Além disso, os tímpanos se cansam, podendo causar labirintite e tonturas diversas. A qualidade e a quantidade de sono são muito importantes.

Veja algumas dicas das quais faço uso para ter um sono de qualidade:

- não tomar café depois das dezessete horas;
- não tomar medicamentos para dormir sem consulta médica;
- tomar um banho morno antes de deitar, pois relaxa e a sensação de frescor é muito agradável;
- não pensar em problemas na hora de ir para a cama;
- tomar um chá de camomila antes de deitar;
- evitar o uso de celular pelo menos quinze minutos antes de fechar os olhos.

Quando estou deitada e quero dormir, digo a mim mesma em pensamento: "Adelires, durma. Você está com muito sono". Sempre funciona.

LEMBRE-SE

Deus tem um propósito em tudo,
e cada dificuldade é um aprendizado.

14

Beba muita água todo dia

Não sejas sábio aos teus próprios olhos; teme ao Senhor e aparta-te do mal; será isto saúde para o teu corpo e refrigério para os teus ossos. (Pv 3:7,8)

Os médicos orientam que devemos beber, em média, pelo menos dois litros de água diariamente (o que não deve ser substituído por sucos ou refrigerantes). A quantidade exata varia de acordo com as condições físicas e hábitos de cada paciente, mas o fato é que os benefícios do consumo de água são uma unanimidade; além de auxiliar na eliminação de toxinas do nosso organismo e hidratar nossa pele, a água não tem calorias e ajuda a emagrecer, pois nos causa sensação de saciedade.

Ingerindo água, mantemos a pele e os cabelos saudáveis, e obtemos uma melhora no funcionamento dos rins, prevenindo o aparecimento de cálculos renais. A água auxilia a regular a temperatura corporal, combate acne, estrias e celulite, facilita o transporte de nutrientes pelo corpo, facilita a digestão, diminui o inchaço e melhora a circulação sanguínea.

LEMBRE-SE

*As dificuldades servem
para forjar nosso caráter
e nos tornar melhores.*

15

NÃO FAÇA AQUILO QUE O CANSE MENTALMENTE

Durante algum tempo em que eu me encontrava no ápice de esgotamento físico e mental, lembro-me de que chegava em casa e me deitava em um sofá na área da minha casa e, com um travesseiro, tapava meus ouvidos, para que não escutasse ruídos ou ouvisse algo que iria me chatear. Não suportava ouvir nada, nem gritos, barulho de televisão ou música.

Costumo dizer que o sistema capitalista nos usa, após o que somos lançados para fora. Se adoecemos ou não produzimos como o desejado, ou se solicitamos licença médica, todo o tratamento é por nossa conta. Como funcionária pública, dedicava-me em tudo. Não deixava tarefas para o dia seguinte, levava trabalho para casa, realizava atividades que outros deveriam fazer, até mesmo financeiramente, com equipamentos para que pudesse desenvolver melhor minhas funções laborais.

Trabalhe de forma que não lhe canse demasiadamente. Se for preciso, mude de função ou de local, e certamente se sentirá melhor. Se quiser e puder, altere a decoração de sua sala de trabalho, coloque um papel de parede, ou um vaso de flor. Mesmo que seja com os próprios recursos, vale a pena. É para o seu bem.

LEMBRE-SE

Você é a menina dos olhos de Deus,
Ele ama você.

16

Domine suas emoções

Enganoso é o coração, mais do que todas as coisas, e desesperadamente corrupto; quem o conhecerá? (Jr 17:9)

O trecho transcrito mostra-nos claramente o que não devemos fazer. O nosso coração é extremamente enganoso.

Ninguém acorda pela manhã e, subitamente, encontra-se estressado, deprimido, irado, com raiva ou amargurado. Esses sentimentos estão ali há algum tempo. Aqueles que são acometidos pela depressão têm acumulado situações e acontecimentos, que, com o decorrer do tempo e a somatória de dores, explodem.

Porque não passa de um momento a sua ira; o seu favor dura a vida inteira. Ao anoitecer, pode vir o choro, mas a alegria vem pela manhã. (Sl 30:5)

Sentimos tristeza? Sim. Frustrações? Também. No entanto, quanto mais permanecermos em um casulo, alimentando aquela dor, mais iremos piorar.

Perto está o Senhor dos que têm o coração quebrantado e salva os de espírito oprimido. (Sl 34:18)

A Bíblia nos proporciona inúmeras palavras de conforto e ânimo e nos prova que o Espírito Santo está conosco a fim de nos dar graça.

Um dos textos de que eu gosto muito é este:

> *Por que estás abatida, ó minha alma? Por que te perturbas dentro de mim? Espera em Deus, pois ainda o louvarei, a ele, meu auxílio e Deus meu.* (Sl 42:5)

Nele, o autor conversa consigo mesmo e pergunta-se: "Por que estás abatida, ó minha alma?". Certamente estava sofrendo. Certamente a esperança lhe havia fugido. "Por que te perturbas dentro de mim?" Ali dentro havia uma guerra entre a tristeza do cidadão e a promessa na palavra de Deus. E por fim ele diz: "Espera em Deus, pois ainda assim o louvarei". E ele continua afirmando que a alma dele estava profundamente triste, mas derramava-se diante de Deus.

Aprender a dominar nossas emoções é algo que precisamos trabalhar no dia a dia. Quantas vezes você toma decisões equivocadas sem pensar, por pressões ou ansiedades? Quantas pessoas você feriu com palavras e atitudes nas mesmas circunstâncias emocionais cujas consequências dificilmente foram restauradas?

Vou contar-lhe um segredo para a vitória, seja você cristão ou não, praticante ou não. Em meio às muitíssimas lutas que vive, entre no secreto do seu quarto e ajoelhe-se, derramando-se diante de Deus. Conte tudo a Ele. Pois bem, se não consegue falar, então somente chore. Um coração quebrantado e contrito Deus não rejeita. Verá que quando se levantar, não será mais o mesmo.

> *Tu, porém, quando orares, entra no teu quarto e, fechada a porta, orarás a teu Pai, que está em secreto; e teu Pai, que vê em secreto, te recompensará.* (Mt 6:6)

Emoções são forças poderosíssimas e muitas vezes determinantes de uma vida. A Bíblia, porém, nos ensina que quem deve controlar a nossa vida e as nossas emoções é o Espírito Santo, conforme Gálatas 5:22,23:

> *Mas o fruto do Espírito é: amor, paz, longanimidade, benignidade, bondade, fidelidade, mansidão, domínio próprio [...].*

> *Em verdade, em verdade vos digo que chorareis e vos lamentareis, e o mundo se alegrará; vós ficareis tristes, mas a vossa tristeza se converterá em alegria.* (Jo 16:20)

As emoções são parte vital na nossa vida. E elas podem nos trazer saúde ou enfermidades.

LEMBRE-SE

Deus sonhou e planejou você do jeito que você é!

17

Ensine às pessoas a buscar a solução para os problemas delas

Tu, porém, quando orares, entra no teu quarto e, fechada a porta, orarás a teu Pai, que está em secreto; e teu Pai, que vê em secreto, te recompensará. (Mt 6:6)

Muitas pessoas nos procuram a fim de buscar orientação concernente ao que devem fazer. Quais atitudes devem tomar? Que carros devem comprar? Que faculdade devem cursar? Que medicamentos devem tomar? A maioria, contudo, não quer ter o trabalho sequer de pensar. Não oram, não aprendem a ouvir a Deus, justamente porque têm a resposta de que necessitam. E, além do mais, se errarem terão alguém a quem possam culpar.

Não temos o mesmo gosto. A ótica de cada um é diferente. Enquanto estamos dando as respostas, muitas vezes lhes fazemos mal, pois elas não gastarão tempo pesquisando, buscando a solução; querem que demos o peixe pescado.

O véu foi rasgado, todos têm o mesmo acesso diante do Pai que está nos céus. Não se pode buscar relacionamento com Ele pelos outros. Não se pode sentir a presença do Todo-Poderoso pelos outros. Todos têm o dever de orar, buscar do Pai as decisões a serem tomadas. Não somos deuses e não temos todas as respostas. Todos necessitam ouvir ao Senhor, porque somos filhos e o filho ouve o pai, e o pai fala com os seus filhos.

LEMBRE-SE

Deus lhe conheceu antes que
você fosse formado.
E desde então Ele já amava você.

18

DÊ A VARA, E NÃO O PEIXE

Se deres um peixe a um homem faminto, vais alimentá-lo por um dia. Se o ensinares a pescar, vais alimentá-lo toda a vida. (Anne Isabella Thackeray Ritchie)

Não é fazendo política assistencialista (dando o peixe em vez de ensinar a pescar) que a solução está dada. Dar o peixe não transmite saber. Não é ensinamento. Quem dá o peixe continua detentor da expertise da pescaria. (Bia Willcox)

Quando nossos filhos são pequenos, nós os colocamos onde devem estar para que façam o que devem fazer, pois não conseguem se locomover por si só. Depois que crescem, continuamos aconselhando-os porque não queremos que eles errem, e necessitam aprender a viver. Sempre digo que se os filhos não se dão bem na vida, os pais sofrem junto, pois, de certa forma, têm de carregá-los. Por isso, muitas vezes até mesmo obrigamos a fazerem o que não querem, como cursos profissionalizantes e faculdade.

Conto sempre a experiência que tive com meu filho primogênito Cristian, que, certa vez, chegou para mim e disse que estava em dependência em uma matéria no curso superior de Análise e Desenvolvimento de Sistemas. Ele já havia concluído três semestres e estava insatisfeito com os estudos, por isso teria tomado a decisão de desistir do curso. Em um instante, disse que ele iria sim concluir o curso superior, que não deveria desistir e que um dia entenderia e daria Graças a Deus pela conclusão da faculdade. Os anos se passaram e realmente esse curso abriu oportunidades e portas em diversas situações.

Esse é um exemplo com pessoas da família, mas não podemos fazer o mesmo com nossos discípulos ou membros da igreja, amigos e conhecidos. Todos devem tomar as próprias decisões.

Quando nos preocupamos em tomar as decisões dos outros, o peso da responsabilidade recai sobre nossos ombros. Esse peso, porém, não é nosso. Não é nossa responsabilidade. Não somos Deus nem sempre temos as respostas. Portanto, dê a vara para que cada um busque seu peixe, ore, e decida.

E buscar o peixe, como diz o ditado popular, é isso: fazer as pessoas saírem de seu aconchego, de seu conforto, e ouvirem a Deus, a fim de tomar as decisões acertadas para seus negócios e sua vida em geral. Mesmo que errem, pois os erros certamente lhes trarão maturidade.

LEMBRE-SE

Deus nos fortalece quando nos sentimos fracos.

19

Mentalize e memorize os frutos do Espírito

Mas o fruto do Espírito é: amor, alegria, paz, longanimidade, benignidade, bondade, fidelidade, mansidão, domínio próprio. Contra estas coisas não há lei. E os que são de Cristo crucificaram a carne, com as suas paixões e concupiscências. Se vivemos em Espírito, andemos também no Espírito. Não nos deixemos possuir de vanglórias, provocando uns aos outros, tendo inveja uns aos outros. (Gl 5:22-26)

Aprendemos a falar por repetição, repetindo as palavras até memorizá-las. E essa ação repete-se em todas as áreas de nossa vida.

Memorizar e mentalizar os frutos do Espírito são a melhor tarefa que temos, pois estes são bons, de paz e nos trarão vida longa.

Quem não quer amar a todos, sem sentir raiva ou ódio? Quem ainda não deseja viver alegre e feliz, ser bom e não se estressar com nada nem ninguém? A Bíblia, a Palavra de Deus, diz que isso é possível. Todos os conselhos bíblicos são bons e nos trazem vida longa.

Meu esposo costuma dizer que se porventura alguém não acredita em Deus, ou ainda se não acredita que a Palavra do Senhor é a Verdade deixada por Ele, e se apenas a utilizar como conselho, certamente se dará bem, pois são conselhos sábios que certamente trarão inúmeros benefícios para quem os colocar em prática.

Aprenda a se policiar e treinar a prática dos frutos do Espírito, para ser saudável.

LEMBRE-SE

***Deus** é a nossa **luz** e a nossa **Salvação**,*
Ele nos livra dos perigos.

20

Divirta-se na crise

Portanto, não vos inquieteis, dizendo: Que comeremos? Que beberemos? Ou: Com que nos vestiremos? Porque os gentios é que procuram todas estas coisas; pois vosso Pai celeste sabe que necessitais de todas elas; buscai, pois, em primeiro lugar, o seu reino e a sua justiça, e todas estas coisas vos serão acrescentadas. Portanto, não vos inquieteis com o dia de amanhã, pois o amanhã trará os seus cuidados; basta ao dia o seu próprio mal. (Mt 6:31-34)

A preocupação não ajuda a resolver os problemas. Precisei aprender essa lição na marra. Quando temos preocupações e não sabemos o que fazer para solucionar os problemas, podemos dar tudo a Deus. Nossa vida está nas mãos do Senhor, que cuida de nós em todo tempo. Ele não nos abandona na necessidade. Precisamos sim buscar formas de resolver os problemas, mas existe muita coisa que não podemos controlar. Em vez de nos preocuparmos com o que pode acontecer no futuro, devemos confiar no Pai. Isso também é ter fé.

Confia os teus cuidados ao Senhor, e ele te susterá; jamais permitirá que o justo seja abalado. (Sl 55:22)

Este versículo nos traz a responsabilidades de que devemos lançar nossas preocupações sobre Ele, ou seja, descansar Nele. O Senhor certamente jamais permitirá que sejamos destruídos. Isso não quer dizer que devemos cruzar os braços e não fazer mais nada, mas cumprir com as nossas obrigações, sem deixar de confiar que Deus está no controle de tudo.

Lembro-me de quando, na multidão de problemas que vivenciamos, meu esposo ia para o quarto e dormia tranquilamente. Incomodava-me o fato de ele conseguir dormir e não se preocupar com aquilo pelo que estávamos passando na época.

Muitas vezes adormeci pensando nas nossas dificuldades, ou nas que os irmãos ou as pessoas compartilhavam, e terminava o expediente do trabalho, mas continuava com ele em pensamentos. Algumas vezes, eu saía pela cidade procurando emprego para os irmãos da igreja que estavam desempregados. Eu trazia para meus ombros uma preocupação que não era minha, pois nem eles mesmos estavam preocupados com o desemprego.

Quando temos contas a pagar ou problemas para resolver, de fato, não é fácil nos divertir, mas é possível. Sair para caminhar, olhar vitrines, passear no shopping são atividades baratas e que distraem a mente.

Ore sobre o assunto, busque em Deus a solução e creia que o Senhor está no controle de tudo.

LEMBRE-SE

Seja grato, pois tudo
colabora para o seu crescimento.

21

NÃO SOFRA. NÓS NÃO NASCEMOS PARA ISSO

[...] eu vim para que tenham vida, e a tenham em abundância. (Jo 10:10)

Diversas pessoas estão sofrendo e já se acostumaram a isso. Até acreditam que é assim mesmo, que é seu "carma", mas essa não é a verdade. Não podemos aceitar isso. A Bíblia diz que no mundo teremos aflição, mas, se tivermos bom ânimo, venceremos o mundo, assim como fez Jesus.

João (10:10) nos revela que Cristo veio para nos dar vida e vida com abundância, isto é, em todas as áreas. Esse texto é muito conhecido, pois fala da vontade de Deus para nós e para nossa família. Abundância nos remete a grandes quantidades: panelas grandes cheias, casa grande, um carrão, uma casa boa para morar, uma cama gostosa e lençóis cem por cento de algodão. Essa abundância, contudo, vai muito mais além. A Bíblia está cheia de promessas para os seus filhos.

Se quiserdes e me ouvirdes, comereis o melhor desta terra. (Is 1:19)

Costumo dizer que não temos sete vidas como o gato. Se tivéssemos, talvez pudéssemos passar uma delas sofrendo. Precisamos ter tempo de qualidade, passear, nos divertir, assistir a uma comédia, tudo aquilo que gostamos de fazer. Devemos abreviar as lutas, encurtar o sofrimento e eliminar aquilo que nos faz mal.

Como? Fazendo o que é certo, e seguindo os mandamentos que são vida e paz para a nossa vida.

LEMBRE-SE

Deus quer que tenhamos uma vida feliz e abundante.

22

Conheça a si mesmo

Fiel é a palavra e digna de toda aceitação: que Cristo Jesus veio ao mundo para salvar os pecadores, dos quais eu sou o principal. Mas, por esta mesma razão, me foi concedida misericórdia, para que, em mim, o principal, evidenciasse Jesus Cristo a sua completa longanimidade, e servisse eu de modelo a quantos hão de crer nele para a vida eterna. (1Tm 1:15,16)

Todos devemos ter uma visão sobre nós mesmos, e não há ninguém melhor para nos dizer quem e quão importante (ou não) somos do que aqueles que nos amam. A questão é: será nos dada uma visão correta ou errada de nós? Será uma visão honesta ou romântica? Uma visão bíblica ou uma visão distorcida, transmitida por alguém cheio de boas intenções?

Não gostamos de ouvir a verdade; a mentira muitas vezes agrada mais. É por isso que tantos pregam o que as pessoas querem ouvir, mas não o que de fato elas precisariam ouvir. Lembre-se de que saber a verdade sempre liberta. Abraçar a mentira sempre perturbará, e nunca lhe dará descanso.

Conhecer a si mesmo nada mais é do que saber suas debilidades para que possa, então, melhorar. Precisamos ser melhores: melhores mães, pais, esposas e esposos, amigos, servos de Deus, avós. E, acima de tudo, temos de ser leais a nós mesmos.

Quando estamos na academia, por exemplo, e vemos mulheres musculosas com seus corpos esbeltos, ou em clínicas de estética, ao lado de jovens lindas, loiras e ricas, o pensamento comum que vem à nossa mente é de que esse é o padrão de mulher feliz e realizada, pensamos que para sermos felizes temos que parecer com a Barbie. Esses padrões estimulados pela mídia afetam todos nós, homens e mulheres, e então começamos a tê-los como uma única possibilidade de felicidade. Devemos, no entanto, ter em nossa mente e nosso coração este dito popular com uma adaptação conferida a Martinho Lutero por várias fontes:

> *Não podemos impedir que os pássaros voem sobre as nossas cabeças, mas podemos impedir que eles façam ninhos sobre elas. Assim também não podemos nos livrar de sermos tentados, mas podemos lutar para não cairmos em tentações.*

Não podemos impedir que os maus pensamentos circulem pela nossa cabeça, mas, sim, impedir que façam morada, se alojem e causem prejuízos para nossa vida.

> *Finalmente, irmãos, tudo o que é verdadeiro, tudo o que é respeitável, tudo o que é justo, tudo o que é puro, tudo o que é amável, tudo o que é de boa fama, se alguma virtude há e se algum louvor existe, seja isso o que ocupe o vosso pensamento.* (Fl 4:8)

LEMBRE-SE

Devemos nos enxergar como filhos de Deus, vencedores em tudo.

23

NÃO VEJA SOMENTE O LADO NEGATIVO DAS COISAS

O coração alegre aformoseia o rosto, mas com a tristeza do coração o espírito se abate. (Pv 15:13)

As mulheres costumam seguir muitas receitas para retardar o envelhecimento e diminuir as rugas, principalmente as do rosto, mas uma receita de rejuvenescimento é a felicidade. Quando estamos felizes e alegres nos tornamos mais bonitos.

Está comprovado que bom humor e otimismo nos vacinam contra todo tipo de doença. O funcionamento do corpo melhora e muitas dores, inclusive enxaqueca, diminuem absurdamente. Quem sorri estimula o cérebro a liberar endorfina e serotonina – substâncias responsáveis pela sensação de prazer e felicidade –, as quais proporcionam uma sensação de leveza e bem-estar, além de ativarem o sistema imunológico. Essa imunização ajuda a prevenir, principalmente, doenças ocasionadas por elevado grau de estresse.

Você tem um armário ou despensa em casa onde guarda coisas às pressas, talvez quando está preparando-se para a chegada de convidados ou limpando a casa antes de uma festa? A maioria de nós tem gavetas ou outras áreas de armazenamentos reservadas a quinquilharias que não conseguimos mais fechar de tanto que há dentro. O mesmo se explica à nossa vida emocional. Se uma pessoa continua armazenando emoções tóxicas ano após ano, um dia elas transbordarão por qualquer motivo, e farão estragos que levarão muito esforço para serem superados.

O sorriso combate a depressão e o estresse, diminuindo a pressão arterial, melhorando a digestão, desintoxicando o organismo, espantando a dor e deixando a pele mais bonita. Além disso, as pessoas gostam de se aproximar de quem está sempre sorrindo. Experimente sorrir e sua convivência social será muito favorecida. Sorrir é um remédio sem efeitos colaterais; não precisa de prescrição e é de graça. Por isso, pare de franzir a testa e solte uma boa gargalhada sempre que possível, e os benefícios dela virão até você.

De acordo com o site Dicas de Saúde,[5] o riso traz inúmeros benefícios para nossa saúde. Ele reduz os hormônios do estresse e a pressão arterial, bem como aumenta o fluxo sanguíneo e a oxigenação. Pode defender nosso corpo de doenças, auxiliar no aumento de memória, na inteligência e na criatividade, e pode ajudar a pele, o cabelo, a digestão e até mesmo o sexo.

O riso é considerado extremamente saudável para os vasos sanguíneos, cujo interior dilata-se, proporcionando um melhor fluxo e oxidação do sangue. Ao rirmos, mais oxigênio atinge nosso cérebro, regulando a pressão sanguínea e reduzindo a probabilidade de formação de coágulos

5 A referência completa encontra-se no fim deste livro.

conhecidos por provocar acidentes vasculares cerebrais (AVC) e ataques cardíacos. Até para a qualidade de nosso sono o riso é extremamente importante.

O mesmo artigo diz que o riso pode baixar o nível de açúcar no sangue, pois melhora a circulação e a ativação do músculo, auxiliando no controle da diabetes e aumentando a quantidade de glóbulos brancos específicos, chamados células T, que produzem células do sistema imunológico que batalham contra doenças. O riso, portanto, pode ajudar a manter um sistema imunológico saudável e funcional.

O riso também pode estimular a liberação de um neurotransmissor específico chamado endorfina, o "hormônio da felicidade", auxiliando a reduzir o estresse, melhorar o humor, relaxar os músculos, aliviar a dor e ajudar na circulação dos alimentos no trato digestivo.

***

Em determinada ocasião, uma irmã da igreja chegou em minha casa, sentou-se no chão e começou a chorar. Morava em uma chácara com uma casa nova e um quintal lindo, cheio de plantas e alguns animais de estimação. Dizia que estava brigada com o marido e, além disso, sua sogra morava com ela, por isso se sentia aborrecida. Não tinha dinheiro e fora diagnosticada com depressão, já sendo medicada.

A forma como se enxergava era totalmente desanimadora. Imediatamente, mostrei a ela o outro lado que ela não conseguia ver.

O lugar lindo e sossegado onde ela residia era um presente de Deus, porém seus desafetos faziam uma nuvem negra pairar sobre o local. A sogra, muito trabalhadora e cristã, era uma boa companhia, passava o dia costurando e bordando e não se metia na vida de ninguém. No entanto, defendia o filho. Minha amiga, por sua vez, também defendia os filhos. Então, cada uma achava que estava certa. Elas mesmas criaram seus problemas, para os quais olhavam por uma ótica pessimista e negativa.

Quando você encara seu problema de outra maneira, ele passa a ser uma oportunidade para ir em busca de uma solução. Se for conta para pagar, certamente aparecerá uma receita nova de bolo para fazer e vender.

Não fique só vendo dificuldade, miséria, pois isso cansa a mente e o físico. Sempre digo que em Deus está a solução e Ele tem saída para tudo. É certo que um sorriso não paga as contas, mas alegra o coração.

LEMBRE-SE

Uma vez, duas vezes,
vá em frente e tente um pouco mais.
A vitória é certa!

24

Tenha a mente de Cristo

Rogo-vos, pois, irmãos, pelas misericórdias de Deus, que apresenteis o vosso corpo por sacrifício vivo, santo e agradável a Deus, que é o vosso culto racional. E não vos conformeis com este século, mas transformai-vos pela renovação da vossa mente, para que experimenteis qual seja a boa, agradável e perfeita vontade de Deus. (Rm 12:1,2)

Pois quem conheceu a mente do Senhor, que o possa instruir? Nós, porém, temos a mente de Cristo. (1Co 2:16)

Ter a mente de Cristo é pensar como Jesus pensava, e agir como Ele agia: vivendo de acordo com a Palavra de Deus. Creio que é possível, pois o Apóstolo Paulo afirmou que temos de ter a mente de Cristo, pois esta é a vontade de Deus para todos os Seus filhos. Tenha intimidade com Deus, entregue-se totalmente ao Senhor para agir como Ele. O Apóstolo Paulo afirma ainda que todos os que creem em Cristo Jesus discernem entre o bem e o mal, o certo e o errado, e aquilo que é justo e injusto.

Quando pensamos por nós mesmos, somente naquilo que nossa alma quer, tomando as nossas decisões sem orientação dos pais ou líderes e ainda sem estarmos alinhados à Palavra de Deus, podemos trazer sérios prejuízos para a nossa vida. Pois, geralmente, não queremos fazer o que é princípio de Deus para nós, mas sim o que a nossa natureza quer: felicidade rápida e momentânea. Daquilo que estamos cheios isso sim faremos. Se estamos cheios de Deus, de Sua Palavra, de Seu conhecimento, então faremos segundo Sua orientação. Se estamos carnais, alimentando-nos do mundo, porém, nosso comportamento será segundo a nossa humanidade.

Para termos a mente e a saúde de Cristo, precisamos entender que Ele já nos deixou a cura, levando sobre Si, na Cruz do Calvário, minhas dores e minhas enfermidades, como está escrito em Isaías 53:4,5:

> *Certamente, ele tomou sobre si as nossas enfermidades e as nossas dores levou sobre si; e nós o reputávamos por aflito, ferido de Deus e oprimido. Mas ele foi traspassado pelas nossas transgressões e moído pelas nossas iniquidades; o castigo que nos traz a paz estava sobre ele, e pelas suas pisaduras fomos sarados.*

Conhecer a mente de Cristo é saber o que Ele tem para sua vida, é saber que Ele quer o seu bem, quer que você seja liberto, curado, próspero e abençoado. Se você não conhece a mente de Cristo, como terá a mente do Senhor?

Então leia a Bíblia para conhecer a vontade de Deus para a sua vida, e não seja enganado por qualquer um que traz um conselho parecendo verdade, parecendo de

Deus, parecendo bom. Cristo está dentro de você e Ele fala com você, em seu coração, em sua mente. Basta parar para ouvi-lo.

LEMBRE-SE

**Cristo já levou na
Cruz do Calvário todas as doenças,
por isso temos a cura.**

25

Viva cada dia

No livro *Revolucione sua qualidade de vida* (pp. 59, 60), Augusto Cury compara o nosso cérebro a uma cidade, em que há o MUC e a ME, ou seja, o centro e a periferia. Esta área central e consciente que ele chama de MUC, ou Memória de Uso Contínuo, e uma grande área periférica e inconsciente, que chamamos de ME, ou Memória Existencial.

A MUC se refere àqueles acontecimentos e situações do dia a dia, àquelas emoções do cotidiano. A ME, por sua vez, diz respeito a todas as informações que guardamos, desde o nosso nascimento. Ou seja, lembranças do passado muito distantes e informações atuais podem se cruzar ao mesmo tempo.

O texto de Salmos 139:14 diz:

> *Graças te dou, visto que por modo assombrosamente maravilhoso me formaste; as tuas obras são admiráveis, e a minha alma o sabe muito bem.*

A memória humana é maravilhosamente fantástica. O Salmista descreve que fomos criados por Deus de forma maravilhosa. Gosto sempre de ensinar aos casais a não deixarem seus filhos dormirem com eles no mesmo quarto, pois elas podem registrar tudo que ali for feito. Sabemos que quando estamos dormindo o nosso subconsciente está em alerta, pois é como um soldado, cuidando de nosso bem-estar. A qualquer ataque, está de prontidão.

Posso estar pensando em minha filha, que está estudando em outra cidade, e mesmo assim me lembrar de acontecimentos da minha infância na cidade fria do Sul do país, e ainda meditar nos estudos bíblicos e ministrações que deverei fazer.

Sempre que experimentamos uma lembrança lá do passado ela retorna para a memória diária. Então, muitas vezes, nem sabemos por que estamos tristes, mas dentro de nós existe algo que não está bem. Aqueles registros ruins do nosso passado que estão marcados em nossa alma podem trazer à tona sentimentos ruins de sofrimento e tristeza que vivenciamos e isso ocorre inconscientemente.

Às vezes não há motivo exterior para estar triste, mas de repente surge uma angústia inexplicável. Muitas pessoas, ao sentirem o cheiro de algum perfume, são reportadas para algum acontecimento da infância que as marcou negativa ou positivamente, trazendo para o momento situações muitas vezes de trauma vivido. Eu, por exemplo, quando vejo tecido azulado com flores grandes me lembro da infância difícil que vivíamos no interior do Rio Grande do Sul, pois minha mãe, quando estava grávida, usava uma bata cuja estampa era assim, azul florida, e carregava baldes de água para fazer nosso alimento. Infância difícil com muito frio e escassez.

Muitos comportamentos da vida adulta, portanto, bem como gostos, estão intimamente ligados a situações que ocorreram desde a infância até a atualidade, registradas nesta grande cidade que é o cérebro, seja em bairros distantes, ruelas, casas, quartos escuros.

Crianças precisam de alegria, simplicidade, brincadeiras ao ar livre, carinho e dedicação dos pais. Estes, que dão o mundo para elas, mas não dão a si mesmos e não as ensinam a pensar, geram filhos frágeis, dependentes e despreparados para enfrentar os desafios dos labirintos. A maioria dos jovens não tem sonhos nem ideais para se sentir motivada. Precisam construir sonhos e ter metas; caso contrário, viverão à sombra dos pais, sem identidade própria, com medo de explorar lugares novos.

Quem teve uma infância feliz e livre pode superar mais facilmente a perda do presente. Isso não quer dizer que as pessoas que viveram uma infância traumática estão programadas para serem angustiadas. Elas podem reeditar essa história e tornar-se autoras do próprio livro da vida, reescrevendo os principais capítulos. Não tenha medo das cicatrizes do seu passado, como diz Augusto Cury.

A cada dia vivemos situações distintas, experiências diferentes. Damos valor a pequenos conflitos que são ínfimos e não acrescentam em nada. A partir do momento que tomamos consciência de como funciona nossa mente, e de como guardamos os momentos já vividos, podemos gerenciar e ir excluindo aquilo que nos faz mal, ou que, de alguma forma, nos traz más lembranças. Não podemos deletar a nossa memória, mas reeditá-la, reconstruindo-a sem alimentá-la com lembranças contínuas e momentos ruins.

Por isso, foque no presente, controlando as emoções, dominando os impulsos de ansiedade. Isso lhe trará qualidade de vida.

LEMBRE-SE

Levante-se, olhe-se no espelho
e veja quão maravilhosamente
Deus fez você.

26

NÃO SOBRECARREGUE SUA MEMÓRIA

Quando nosso computador está com a memória lotada, ele simplesmente não absorve mais nada. É necessário excluir fotos, vídeos e demais documentos para que possamos salvar informações novas. Pois bem, da mesma forma acontece conosco. Enchemos nossa memória com preocupações e informações desnecessárias, principalmente agora, na era das informações instantâneas, ocupando espaços preciosos.

Receber vídeos ou mensagens extensas, que cansarão nossa mente, são exemplos de situações que não nos fazem bem. Assistir a novelas e filmes cujo enredo é repleto de traições, mortes, sofrimentos, de alguma forma, mexe com nossas emoções. Fotos de acidentes, crianças e adolescentes sendo estuprados, brigas entre famílias... Tudo isso está na internet, sendo repassado a todo instante, trazendo sensações horríveis e fazendo-nos sofrer.

As memórias são formadas por conexões temporárias, ou permanentes, entre os neurônios. Suponha que você pegue um papelzinho em que está escrito um endereço qualquer. O seu cérebro usa um grupo de neurônios para processar essa informação. Para memorizá-la, fortalece as ligações entre eles – quando você quiser se lembrar do endereço, então, ativa esses mesmos neurônios. Nesse processo, porém, parte do cérebro age como se a tal informação (o endereço de rua) fosse algo inteiramente novo, que deve ser aprendido. E esse pseudoaprendizado acaba alterando, ainda que só um pouquinho, as conexões entre os neurônios. Isso interfere em outros grupos de neurônios, que guardavam outras memórias, e chegamos ao seguinte resultado: ao nos lembrar de uma coisa, esquecemos de outras. O pior é que esse processo não distingue as recordações úteis das inúteis. Ou seja, ficar se lembrando de besteiras prejudica as lembranças que realmente importam. O simples ato de ouvir rádio pode ser suficiente para disparar esse processo (acredita-se que determinadas músicas possam "travar" o córtex auditivo, causando aquelas incessantes repetições de uma melodia na memória). Conclusão: estamos esquecendo cada vez mais as coisas importantes porque lembramos cada vez mais daquilo que não tem importância.

Isso, contudo, não é o fim do mundo. Por isso, tenha cuidado ao filtrar as informações e não leia nem veja tudo o que vem até você. Proteja-se, proteja sua mente, e você verá que isso terá reflexo no seu corpo também.

LEMBRE-SE

Cada manhã temos a
oportunidade de um recomeço.

27

AJA!

Até aqui citei muitos conselhos e vários deles são para deixar de fazer algo. Porém, quando digo que é preciso agir, é no sentido de colocar os seus esforços em uma direção, em busca de tudo aquilo que vai dar um salto para sua qualidade de vida. Sua cura, sua saúde, seu bem-estar e sua resistência física dependem de sua iniciativa e atitude.

- Pensar que para você não existe pessoa mais importante de que você mesmo.
- Decida ser feliz, independentemente das outras pessoas, sem exigir que os outros o façam feliz.
- Restaure o físico, as emoções (desgastes por nós muitas vezes gerados).
- Levante-se pela manhã e faça uma caminhada para melhorar a circulação sanguínea.
- Vá ao supermercado e adquira alimentos saudáveis para sua dieta; assim, de fato, mudará seus hábitos alimentares.
- Deixe o celular de lado e contemple a beleza das plantas, de uma flor colhida no jardim, de um broto novo saindo na orquídea.

- Vá para a academia e não confira mensagens no celular entre um exercício e outro.
- Deixe a preguiça de lado e levante cedo. Vá buscar o pão de cada dia, trabalhe se necessário, economize se preciso, e não procure culpado para seus problemas.
- Deixe de lado os desvalores e pense naquilo que de fato acrescenta em sua cultura ou aprendizado.
- Tome para si os conselhos sábios e eternos da Palavra de Deus e creia que Ele fala que o fardo é leve, e que seu jugo é suave.

Vinde a mim, todos os que estais cansados e sobrecarregados, e eu vos aliviarei. Tomai sobre vós o meu jugo e aprendei de mim, porque sou manso e humilde de coração; e achareis descanso para a vossa alma. (Mt 11:28,29)

A bênção não acrescenta peso e nem dores.

A bênção do SENHOR enriquece, e, com ela, ele não traz desgosto. (Pv 10:22)

Servir a Deus é saber que Ele estará contigo dia após dia, porém não cobre do Pai a cura por algo que depende de você. Causamos a situação por não agir segundo o que Ele orienta em Sua Palavra: nosso corpo é templo e morada do Espírito Santo.

Se meu corpo é templo e morada do Espírito Santo, eu não tenho o direito de destruí-lo. Toda vez que como em excesso ou passo a noite em claro, por exemplo, contribuo para destruir o templo que é do Senhor.

Portanto, faça sua parte, cuide-se.

LEMBRE-SE

Seja zeloso e viva do fruto de seu trabalho.

28
LEMBRE-SE DAS PROMESSAS

As promessas de Deus são infalíveis e Ele não mente. Nele não existe sombra de variação. Como diz em Salmos 89:34:

Não violarei a minha aliança, nem modificarei o que os meus lábios proferiram.

Lembro-me de quando andei aflita, com a necessidade de estar sempre ouvindo ministrações e lendo versículos específicos que aumentavam a minha fé e faziam que eu me sentisse mais forte. Muitas vezes, eu deitava após o almoço e assistia a programas evangélicos na televisão. Eu adormecia, mas, na época, precisava aumentar a minha fé e aquilo me fazia bem.

Do início da Bíblia até Apocalipse há promessas de Deus para a vida de Seus filhos. E essas promessas são garantidas para todos. Por isso, é necessário ler a Palavra do Pai para conhecê-las. **As promessas de Deus nunca falharam e não falharão jamais.**

Os textos a seguir darão ao leitor segurança, pois saberá que Deus nunca o abandonou.

Eis que, já hoje, sigo pelo caminho de todos os da terra; e vós bem sabeis de todo o vosso coração e de toda a vossa alma que nem uma só promessa caiu de todas as boas palavras que falou de vós o SENHOR, vosso Deus; todas vos sobrevieram, nem uma delas falhou. (Js 23:14)

Se confessarmos os nossos pecados, ele é fiel e justo para nos perdoar os pecados e nos purificar de toda injustiça. (1Jo 1:9)

Temei o Senhor, vós os seus santos, pois nada falta aos que o temem. Os leõezinhos sofrem necessidade e passam fome, porém aos que buscam o Senhor bem nenhum lhes faltará. (Sl 34:9,10)

Portanto, não vos inquieteis, dizendo: Que comeremos? Que beberemos? Ou: Com que nos vestiremos? Porque os gentios é que procuram todas estas coisas; pois vosso Pai celeste sabe que necessitais de todas elas; buscai, pois, em primeiro lugar, o seu reino e a sua justiça, e todas estas coisas vos serão acrescentadas. Portanto, não vos inquieteis com o dia de amanhã, pois o amanhã trará os seus cuidados; basta ao dia o seu próprio mal. (Mt 6:31-34)

Não cesses de falar deste Livro da Lei; antes, medita nele dia e noite, para que tenhas cuidado de fazer segundo tudo quanto nele está escrito; então, farás prosperar o teu caminho e serás bem-sucedido. (Js 1:8)

Aquele que não poupou o seu próprio Filho, antes, por todos nós o entregou, porventura, não nos dará graciosamente com ele todas as coisas? (Rm 8:32)

E o meu Deus, segundo a sua riqueza em glória, há de suprir, em Cristo Jesus, cada uma de vossas necessidades. (Fl 4:19)

Porque o Senhor Deus é sol e escudo; o Senhor dá graça e glória; nenhum bem sonega aos que andam retamente. (Sl 84:11)

Porque te restaurarei a saúde e curarei as tuas chagas, diz o Senhor; pois te chamaram a repudiada, dizendo: É Sião, já ninguém pergunta por ela. (Jr 30:17)

Bendize, ó minha alma, ao SENHOR, e não te esqueças de nem um só de seus benefícios. Ele é quem perdoa todas as tuas iniquidades; quem sara todas as tuas enfermidades. (Sl 103:2,3)

Instruir-te-ei e te ensinarei o caminho que deves seguir; e, sob as minhas vistas, te darei conselho. (Sl 32:8)

Ele lhes enxugará dos olhos toda a lágrima; e a morte não existirá, já não haverá luto, nem pranto, nem dor, porque as primeiras coisas passaram. (Ap. 21:4)

Observai as aves do céu: não semeiam, não colhem, nem ajuntam em celeiros; contudo, vosso Pai celeste as sustenta. Porventura, não valeis vós muito mais do que as aves? (Mt 6:26)

Os leõezinhos sofrem necessidade e passam fome, porém aos que buscam o Senhor bem nenhum lhes faltará. (Sl 34:10)

O pão nosso de cada dia dá-nos hoje. (Mt 6:34)

O Senhor é o meu pastor; nada me faltará. (Sl 23:1)

Em paz me deito e logo pego no sono, porque, Senhor, só tu me fazes repousar seguro. (Sl 4:8)

Mas os que esperam no Senhor renovam as suas forças, sobem com asas como águias, correm e não se cansam, caminham e não se fatigam. (Is 40:31)

Deixo-vos a paz, a minha paz vos dou; não vos-la dou como a dá o mundo. Não se turbe o vosso coração, nem se atemorize. (Jo 14:27)

Então, lhes recomendou: Tende cuidado e guardai-vos de toda e qualquer avareza; porque a vida de um homem não consiste na abundância dos bens que ele possui. (Lc 12:15)

Sede fortes e corajosos, não temais, nem vos atemorizeis diante deles, porque o Senhor, Vosso Deus é quem vai convosco; não vos deixará, nem vos desamparará. (Dt 31:6)

Assim afirmemos confiantemente: O Senhor é o meu auxílio, não temerei; que me poderá fazer o homem? (Hb 13:6)

Que diremos, pois, à vista destas coisas? Se Deus é por nós, quem será contra nós? (Rm 8:31)

Sabemos que todas as coisas cooperam para o bem daqueles que amam a Deus, daqueles que são chamados segundo o seu propósito. (Rm 8:28)

Mais alegria me puseste no coração do que a alegria deles, quando lhes há fartura de cereal e de vinho. (Sl 4:7)

Agrada-te do Senhor, e ele satisfará os desejos do teu coração. (Sl 37:4)

E ele lhes respondeu: Por causa da pequenez da vossa fé. Pois em verdade vos digo que, se tiverdes fé como um grão de mostarda, direis a este monte: Passa daqui para acolá, e ele passará. Nada vos será impossível. (Mt 17:20)

Bem-aventurado aquele que teme ao Senhor e anda nos seus caminhos! Do trabalho de tuas mãos comerás, feliz serás, e tudo te irá bem. (Sl 128:1,2)

Tudo tem o seu tempo determinado, e há tempo para todo propósito debaixo do céu: tempo de buscar e tempo de perder; tempo de guardar e tempo de deitar fora. (Ec 3:1-6)

Não temas, porque eu sou contigo; não te assombres, porque eu sou o teu Deus eu te fortaleço, e te ajudo, e te sustento com a minha destra fiel. (Is 41:10)

LEMBRE-SE

Todos os problemas nós podemos vencer, basta crer.

29

Viva o propósito de Deus para a sua vida

O Salmo 139:1-16, transcrito a seguir, afirma como somos especiais e únicos, relata o quanto Deus nos conhece, nos planejou, sabe da nossa vida toda e de nossos pensamentos antes mesmo de as palavras chegarem à nossa boca, e fala que de forma assombrosamente maravilhosa Ele nos fez. Portanto, o Senhor tem um projeto, um propósito, pois nos criou e sonhou conosco.

> *Senhor, tu me sondas e me conheces. Sabes quando me assento e quando me levanto; de longe penetras os meus pensamentos. Esquadrinhas o meu andar e o meu deitar e conheces todos os meus caminhos. Ainda a palavra me não chegou à língua, e tu, Senhor, já a conheces toda. Tu me cercas por trás e por diante e sobre mim pões a mão. Tal conhecimento é maravilhoso demais para mim: é sobremodo elevado, não o posso atingir. Para onde me ausentarei do teu Espírito? Para onde fugirei da tua face? Se subo aos céus, lá estás; se faço a minha cama no mais profundo abismo, lá estás também; se tomo as asas da alvorada e me detenho nos confins dos mares, ainda lá me haverá de guiar a tua mão, e a tua destra*

me susterá. Se eu digo: as trevas, com efeito, me encobrirão, e a luz ao redor de mim se fará noite, até as próprias trevas não te serão escuras: as trevas e a luz são a mesma coisa. Pois tu formaste o meu interior, tu me teceste no seio de minha mãe. Graças te dou, visto que por modo assombrosamente maravilhoso me formaste; as tuas obras são admiráveis, e a minha alma o sabe muito bem; os meus ossos não te foram encobertos, quando no oculto fui formado e entretecido como nas profundezas da terra. Os teus olhos me viram a substância ainda informe, e no teu livro foram escritos todos os meus dias, cada um deles escrito e determinado, quando nem um deles havia ainda.

Saiba o que existe em você

Existe muito mais em você do que pode imaginar. Deus sempre coloca o que é necessário para desenvolvermos aquilo que Ele nos confiou. Não corra atrás de realizar alvos e projetos que você não tem. Use o que Deus lhe deu, valorize o que tem, e Ele vai lhe dar o que você não tem.

Talvez você esteja satisfeito do jeito que está, mas pode ser que Deus não esteja; será, então, preciso melhorar.

Deus usa pessoas como você para abençoar os outros. Ele sempre o mandará para lugares e pessoas que Ele quer mudar através de você. Quando estamos bem, temos a capacidade de melhorar tudo em nossa volta com nossos exemplos. O lugar para onde Deus nos mandou é sempre o melhor lugar. Onde você está agora é o melhor lugar neste momento.

LEMBRE-SE

Existe muito mais em você do que pode imaginar.

30

SIRVA A DEUS COM INTELIGÊNCIA

Como cristãos, não podemos mistificar tudo. Não podemos dizer que as dores, os medos, as inseguranças e todo o mal do mundo têm causas espirituais, ou seja, são provocados por demônios. É certo que todo mal e toda enfermidade entraram no mundo pela natureza caída do ser humano, desde o Éden, quando ele pecou e trouxe sobre nós a iniquidade e abriu a porta para que viessem todos os males. Deus, porém, em Sua infinita misericórdia, nos deixou o conhecimento, a medicina e os médicos para que fossem instrumentos de cura. Assim como os estudiosos a quem Deus deu inteligência e sabedoria para que houvesse descobertas para nos auxiliar na qualidade de vida. Acredito que as doenças têm inúmeros fatores como a falta de cuidado com o nosso organismo, deixando-o frágil e vulnerável, então não podemos considerar apenas o aspecto espiritual. Além disso, independentemente das causas, nós temos que fazer a nossa parte, não podemos fugir da responsabilidade que Deus nos confiou de cuidar de Sua Criação, e isso inclui a nós mesmos. Você tem cuidado da sua alimentação, do seu corpo com zelo e equilíbrio?

Se acreditar que lhe fará bem, ou mesmo por curiosidade, procure um psiquiatra ou faça acompanhamento com um psicólogo. Creio que muitas vezes medicamentos adequados trazem benefícios ao nosso corpo, fazendo as substâncias desajustadas de entrarem em equilíbrio. Assim, nosso organismo responde positivamente.

Gosto muito de uma frase atribuída a Einstein: "Cada descoberta nova da ciência é uma porta nova pela qual encontro mais uma vez Deus, o autor dela".

Deus deu sabedoria ao homem para que buscasse conhecimento e solução para os problemas da humanidade.

LEMBRE-SE

Deus pode todas as coisas e não existe problema grande para Ele.

31

Cuide de seu corpo e de sua alma, e Deus o restaurará

Certamente, ele tomou sobre si as nossas enfermidades e as nossas dores levou sobre si; e nós o reputávamos por aflito, ferido de Deus e oprimido. Mas ele foi traspassado pelas nossas transgressões e moído pelas nossas iniquidades; o castigo que nos traz a paz estava sobre ele, e pelas suas pisaduras fomos sarados. (Is 53:4,5)

Precisamos entender que, como está escrito na Bíblia, Jesus levou consigo todas as nossas dores e enfermidades e pelas suas pisaduras fomos sarados. Então, a saúde é um direito nosso. Costumo dizer que todas as enfermidades são do diabo, porque foi por meio do pecado e do maligno que nosso corpo se tornou frágil e vulnerável a todas as doenças. No entanto, nesse texto transcrito temos a confirmação de que a saúde nos é garantida. Deus faz o impossível e o possível nós fazemos.

O Senhor fez, faz e fará muitos e todos os milagres inimagináveis, porém algumas atitudes e decisões dependem unicamente de nós. A maioria das pessoas que sofrem de labirintite (cujos sintomas são tonturas, zonzeira, enjoos, entre outros), além de tomar medicamentos, necessita de mudanças de hábitos. É preciso adotar alguns cuidados urgentes – esse mal está intimamente ligado a estresse, estafa, fadiga, canseira, nervosismo, baixa qualidade de sono, excesso de cafeína – e mudar o estilo de vida, caso queiram melhorar ou ser curados.

Costumo dizer que não gosto muito de orar por quem tem pressão alta ou está com taxas de colesterol, triglicerídeos e glicemia altas. Se Deus proporcionar a cura nesses casos, o ritmo de vida da pessoa continuará o mesmo e logo, logo ela estará com os mesmos problemas de saúde. Temos que agir e não esperar que Deus faça por nós.

Devemos crer na cura, repreender toda sorte de enfermidades, exigir que a doença deixe nossos corpos. Determinar a cura, tomar posse dela. Por outro lado, fazer exercícios físicos, ir à academia, cuidar da alimentação, procurar ter lazer.

Tudo aquilo que está ao nosso alcance e que depende de nós, Deus espera que façamos.

LEMBRE-SE

Devemos fazer tudo o que é bom e que está ao nosso alcance; não devemos esperar que façam em nosso lugar.

32

Escolha sua saúde

Viktor Frankl era um psiquiatra judeu enviado pelos nazistas a um campo de concentração durante a Segunda Guerra Mundial na Alemanha, onde ele vivenciou coisas tão repugnastes para o senso de decência de uma pessoa normal que mal podia colocar o que vira em palavras. Os pais, o irmão e a esposa de Frankl morreram nos campos de concentração ou foram assassinados na câmara de gás. De sua família mais próxima, somente sua irmã sobreviveu. Frankl foi torturado e sofreu diversas humilhações e sofrimentos possíveis, mas admitia que os nazistas poderiam tirar tudo dele, menos a sua identidade interior, definida pelas próprias escolhas.

Podemos passar por misérias na infância e todos os tipos de violência, mas somos nós que definimos quem queremos ser. Frankl poderia se roer em ódio e desejo de vingança contra os nazistas que mataram sua família, sequestraram seus bens, roubaram sua saúde e alegria, mas pôde escolher o que deixaria de legado. O mesmo pode ser dito sobre cada um de nós.

Independentemente do que tenha vivenciado e até mesmo sofrido, você ainda está no controle de sua identidade. Nenhum evento pode mudar quem você é por dentro, a menos que permita que isso aconteça. Ninguém pode fazê-lo responder de uma forma particular a menos que você escolha reagir daquela maneira. A liberdade de forjar as próprias opiniões, ideias, atitudes e escolhas depende apenas e unicamente de você.

Por isso escolha viver, escolha mudar de vida, de atitude. Escolha o certo, o que lhe faz bem. Ame-se, escolha você mesmo.

LEMBRE-SE

Você será lembrado pela história que você escrever.

33

Entregue sua vida a Cristo

O mais importante de todos os conselhos é este:

Entrega o teu caminho ao Senhor, confia nele, e o mais ele fará. Fará sobressair a tua justiça como a luz e o teu direito, como o sol ao meio-dia. (Sl 37:5,6)

Percebo que a oração é muito útil, e até necessária, para induzir a reação de relaxamento. Colocar um louvor bem baixinho e falar com Deus reduz o impacto do estresse na vida diária, e ajuda a atenuar o estresse mais sério de uma doença, por isso muitas pessoas buscam consolo na oração durante períodos estressantes. Recentemente, estive em um hospital para orar por uma senhora que, após uma cirurgia malsucedida, estava com o coração fraquinho e infecção nos pulmões. Orei com ela e por ela e declarei a cura, em nome de Jesus, e logo em seguida ela estava com seu semblante melhor e mais confiante. Uma oração simples, mas comumente usada com esse propósito, é a seguinte: "Senhor Jesus, tenha misericórdia de mim". Outros encontram paz depois de contar a Deus o que estão sentindo no íntimo, agradecendo e louvando ao Senhor.

Algumas pessoas que conheço aliam a oração à leitura da Bíblia. Outras visualizam Jesus removendo um fardo pesado de seus ombros e colocando-os nas próprias costas quando estão orando. Esses indivíduos estão visualizando 1 Pedro 5:6,7, que diz:

> *Humilhai-vos, portanto, sob a poderosa mão de Deus, para que ele, em tempo oportuno, vos exalte, lançando sobre ele toda a vossa ansiedade, porque ele tem cuidado de vós.*

Você também pode combinar uma música suave com meditação ou oração. No entanto, isso não é o suficiente. O remédio eficaz é entregar sua vida, seu corpo, alma e espírito para Cristo, a fim de que Ele tome conta de tudo. Ele é especialista em arrumar e colocar no lugar todas as coisas.

LEMBRE-SE

Não existe descanso neste mundo se não for na presença de Cristo.

Experimentando a cura

Gostaria de contar brevemente a história de um pastor, grande amigo meu, chamado Celso Luiz Zangirolami. Com a permissão dele, relatarei sua vida, suas dificuldades concernentes aos problemas emocionais que viveu e como conseguiu se recuperar.

O pastor era homem atlético, forte, robusto, imponente, de mãos grandes, pisadas firmes, decidido e, acima de tudo, íntegro na presença de Deus. Nunca imaginamos que alguém com essa força poderia se tornar tão vulnerável diante de um inimigo. E esse inimigo era ele mesmo. Costumo dizer que o maior desafio é vencermos a nós mesmos. Penso na frase que diz "durmo com a inimiga", e essa inimiga sou eu.

Celso viveu tempos de muito sofrimento em sua vida, em especial em suas emoções, porém não conseguia identificar onde estava o problema, já que, juntamente com sua família, havia tido grandes envolvimentos com o espiritismo.

Na época, era Secretário Municipal de Esportes de uma cidade, e trabalhava com dedicação, esforço e amor para chegar às conquistas no seu trabalho. Não havia nele preguiça, cansaço ou indisposição na realização das tarefas que o cargo lhe incumbia, já que estava diretamente ligado à prática de esportes e campeonatos de todas as modalidades, tanto masculinos como femininos, pois tomava conta de toda programação esportiva do município. Celso tinha muito prazer em fazer o que fazia, e com segurança exercia o comando de uma das mais importantes e atuantes secretarias da cidade.

No decorrer do tempo, algumas situações começaram a ocorrer. Durante minutos ele sentia suas forças físicas sumirem, ficava tonto, amortecia-lhe parte do rosto e dos braços, o corpo ficava trêmulo. Seu destino era o Posto de Saúde para ser avaliado pelo médico. Este o aconselhava a repousar e a tomar remédios, pois logo poderia voltar a trabalhar.

Durante um ano aproximadamente, vivenciou duas vezes a manifestação desse quadro físico-emocional, porém, não se preocupou. Continuou com suas atividades e seu ritmo de vida.

Todavia, passado mais de um ano, passou a se sentir paralisado em muitos momentos em que estava realizando sua atividade em casa, no trabalho ou na igreja. Seu interior e suas vontades não viam mais prazer naquilo que fazia. Ele estava sem interesse de melhorar, ou de conquistar coisas novas. Não sabia o que estava acontecendo, e somente pensava que não era nada, porém havia algo de errado.

Seguidamente, começou a observar que a sua mente não procurava pensar em vencer, em melhorar, em conquistar; ao contrário, apenas questionava: "Por que estou assim?". Cobrava a Deus em tudo, julgava negativamente as pessoas, o local de trabalho, a cidade, a igreja. Isso teve início no final de 2011.

Em 2012, Celso teve a primeira crise de ansiedade e pânico. Tremeu incontrolavelmente por mais de quinze minutos, e teve o rosto, os braços e as pernas anestesiados. Pensou que iria morrer.

Comprou um remédio indicado por uma pessoa da área da saúde pública e acreditou que o que estava acontecendo era algo específico do fim de uma viagem que havia feito de longa distância, aproximadamente 1.800 quilômetros.

Os dias seguintes foram normais, mas, passado algum tempo, as crises foram mais frequentes, a angústia aumentou e ele começou a ter a mente sobrevoada por pensamentos negativos, os quais não desejava. Seus batimentos cardíacos estavam acelerados e sentia o peito sufocar.

Sua jornada de trabalho secular e ministerial continuou no mesmo ritmo. Ele não diminuiu as atividades, porém, sua estabilidade física, emocional e mental se agravava. A indicação médica para tratamento era de repouso, e não sabiam identificar a enfermidade nem do que se tratavam seus males.

No início de 2013, estando no local de trabalho, ele passou a sentir um abatimento em seu físico. Sem ânimo algum, não tinha força nem desejo de realizar suas funções. Quando chegava em casa, não aceitava ser exigido nas tarefas do lar ou do ministério.

Resolveu, então, consultar um médico clínico geral. Durante a consulta, relatou tudo pelo que passou e o médico foi direto à causa: "Você está com a síndrome do pânico relacionada ao local de trabalho". Por fim, ele foi encaminhado a um neurologista, que o orientou a tomar medicamentos, fazer atividades físicas, sair da cidade, se possível, e não voltar às atividades laborais.

Foi a primeira identificação real das causas do que estava vivendo. Começou, portanto, o tratamento com medicamentos, mas as crises ficaram mais fortes, profundas e frequentes. Foi então que permaneceu por mais de seis meses afastado do trabalho.

O quadro de angústia seguia com desespero. Muitas vezes por dia, e mesmo que procurasse se deitar e descansar, não se acalmava. Pensava ele que não tinha como resolver a situação, que não havia saída, e que chegara ao fundo do poço, sem saída. Não sentia que Deus estava agindo, pensava que sua vida chegara ao fim.

Em 2014, teve uma direção de Deus para mudar de cidade. Foi a Vilhena por um tempo, onde nós – seus líderes espirituais, apóstolos – residimos e temos o Ministério EL Shaddai.

Ao chegar aqui, ele foi percebendo que, mesmo com tantos ataques, havia chances e possibilidades de sair daquelas dificuldades e acreditar que existe uma solução para tudo.

Seu tratamento médico continuava sendo acompanhado pelo neurologista, tomando os medicamentos, mas de uma forma mais consciente e sem culpa. Culpa esta que muitas vezes as pessoas têm, pois acreditam que basta oração, bem como o jejum, e está tudo resolvido. No caso desse pastor, além de todo o acompanhamento médico, ele necessitava de aconselhamento mental e psicológico com profissionais da área, além de um aconselhamento espiritual.

Em nossa vida ministerial sempre costumamos partir do princípio de que o pastor ou apóstolo aconselha e cuida dos homens e a pastora ou apóstola cuida das mulheres. Neste caso, porém, por sermos conterrâneos e temos o mesmo costume de tomar chimarrão e passar algum tempo compartilhando-o, fomos conversando e trazendo à luz todos os seus sentimentos.

Celso, então, passou a enxergar que Deus estava sim ao seu lado e que cuidava de sua vida. Se não ficasse horas orando e jejuando, mesmo uma pequena frase como "Deus me ajude", na hora da angústia, seria suficiente.

Lembro-me de que em um dia estávamos tomando chimarrão quando espontaneamente fui passando para ele algumas orientações e conselhos do que ele deveria fazer para melhorar seu estado de saúde. Meu amigo, pacientemente, fazia anotações. Eu falava, explicava e ele anotava tudo.

Por quase dois anos, esteve recebendo orientação e esclarecimentos do que estava acontecendo com ele. Precisava rever seus conceitos, rever sua vida e decidir começar tudo novamente.

Assumiu seguir tudo o que o orientávamos. Geralmente ele não entendia o que estava fazendo ou o que mandávamos fazer. Queria uma decisão rápida, um remédio instantâneo. Muitas vezes assim somos nós, que estragamos a nossa saúde e depois queremos a solução em um estalar de dedos.

O pastor Celso sofria muito mesmo, porém não deixava de pastorear sua igreja e sua casa com amor, zelo, preocupação e cuidado. E, ainda, cuidava da vida de sua família, que também passava por muitas dificuldades.

Os dias foram passando, e ele lentamente começou a sentir melhora. Colocava em prática os conselhos e eu aplicava uma nova orientação, mantendo o que anteriormente havia lhe orientado.

Ele foi reelaborando sua vida, sua mente, para uma condição nova. Sentia-se mais sonhador com sua casa, família e ministério. Reeditou a sua memória e foi vencendo o quadro de depressão, pânico, medo, insegurança e desiquilíbrio emocional que estava atingindo sua vida.

Por meio dos conselhos, foi tendo confiança de que tinha condição de sair dos problemas e ficar restaurado. E assim iniciou uma nova etapa. Ele mesmo observava os sinais de melhora, tendo a certeza viva de que estava deixando para trás aqueles males e ficando renovado em Deus.

Retornou então para sua cidade, de onde havia saído sob muita pressão e vergonha, crise financeira, desgastes de relacionamentos, situações que foram geradas na família, estava disposto a mudar aquele quadro. Tinha confiança de que seria tudo diferente, e estava decidido a não aceitar que aquelas dificuldades o afetassem novamente. Lutaria, pois se sentia forte para isso. Estava buscando um recomeço.

O mais importante foi ele ter reconhecido, em um momento de meditação, que Deus sempre esteve certo, e de tudo o que havia passado o Senhor não fora o causador. Ao contrário, esteve cuidando dele, nunca o havia abandonado, e jamais se esquecera dele. Deus, porém, queria que ele aprendesse a vencer esse quadro de dificuldade.

Hoje, pastor Celso ministra na vida de outras pessoas tudo aquilo que aprendeu. Com base nos sintomas e nos relatos que recebe, consegue identificar nos outros aquilo que ele mesmo vivenciou e ministra todos esses conselhos para uma vida saudável. Já tem vivido noventa por cento melhor do que vivia, alegrando-se, mesmo diante de fatos ou acontecimentos que poderiam trazer desiquilíbrio. Costuma voltar e relembrar os conselhos para que cada vez mais tenha qualidade de vida e aquele quadro de depressão, tristeza, angústia e pânico não volte.

Alinhado à Palavra de Deus e aos conselhos, os quais ele segue diariamente, tem certeza da correta direção para sua vida, família e Ministério.

E assim também será com sua vida, sua família, seus negócios e seu ministério. Tenho certeza de que se você que está lendo este livro e colocar em ação estes conselhos, certamente recuperará a saúde perdida ou terá saúde até na velhice.

Conclusão

Assim como você se imagina, assim você será

Deus é fiel e a Bíblia diz, por intermédio de um homem que passou a maior prova da história, Jó:

> *Bem sei que tudo podes, e nenhum dos teus planos pode ser frustrado. (Jó 42:2)*

As pessoas possuem históricos diferentes. Algumas absorvem rapidamente a mentira e fazem dela um decreto de verdade. Quando o inimigo estabelece um tipo de enfermidade, acreditam que essa enfermidade faz parte do seu currículo e de sua história, apossando-se dela.

É preciso criar, insurgir mesmo, fazer como Jesus, que entrou no templo e fez uma grande mudança. Você precisa se levantar contra toda a situação em que se encontra seu arraial e estabelecer um novo tempo de território. Você precisa dizer que não aceita nem um decreto contrário na sua vida, nenhuma mentira do diabo na sua direção. Decida não fazer de uma mentira uma verdade.

Sabemos que de tanto uma pessoa repetir uma mentira, ela passa a ser creditada como uma verdade. Você nasceu em Cristo e as coisas velhas já passaram, tudo se fez novo. Entenda que em Cristo Jesus você é mais que vencedor. Ele jamais mentiu em Sua palavra e promessa; é Deus Eterno. Então, nunca faça de uma mentira um decreto verdadeiro de sua vida.

Você pode estar enfraquecido, com o coração turbado por tantas situações, mas Deus tem promessas para você. Inimigos e adversidades se levantam para duas coisas: primeiro, para despertar o grande líder que há dentro de nós; segundo, para mostrar o território que vai conquistar.

Todas as vezes que uma adversidade chega até você, Deus está querendo que você faça desse momento uma nova história. Se está passando por uma dificuldade, ela não serve para derrubá-lo, mas para manifestar o poder do Senhor.

O apóstolo Paulo disse que o diabo lhe havia dado uma bofetada. Paulo pediu que Deus removesse o espinho na carne que estava sobre ele, mas o Senhor disse que não removeria, porque sua graça lhe bastava. Disse ainda que na fraqueza do homem é que o poder de Deus é aperfeiçoado.

É na sua fraqueza que Deus aperfeiçoará o poder Dele. A sua fraqueza não é para derrota, queda e destruição, mas para aperfeiçoar o poder do Pai na sua vida e no seu caráter, a fim de que todos saibam que foi Deus quem lhe concedeu a vitória.

Decida o que você quer de Deus e o que você julga que precisa. Nem sempre o que o Pai lhe dará é o que você quer, mas Ele lhe dará o que você precisa. A Bíblia diz:

O Senhor é o meu pastor, nada me faltará. [...] Guia-me pelas veredas da justiça. [...]o teu bordão e o teu cajado me consolam. [...] Bondade e misericórdia certamente me seguirão todos os dias da minha vida. (Sl 23:1;2;4;6)

Deus sempre tem um banquete especial para nos entregar, de modo que o inimigo olhe de longe e veja o quanto o Senhor é por nós. No entanto, precisamos entender que todo problema é um treino no nosso caráter, para provar o tipo de líder que somos.

Ai daqueles que, no seu leito, imaginam a iniquidade e maquinam o mal! À luz da alva, o praticam, porque o poder está em suas mãos. (Mq 2:1)

Quem imagina tem o poder nas mãos.

O que é imaginar?

Imaginar é planejar, entrar nos lugares desconhecidos, e visitar lugares que não são comuns.

Recentemente, elaborei um mural em meu quarto e nele coloquei fotos de minha família abençoada. Uma casa maravilhosa com um amplo jardim maravilhoso. Meus filhos Cristian e Nicolas em seus escritórios de advocacia bem-sucedidos e ainda com suas esposas e filhos. Também imprimi foto de uma Clínica Dentária para minha filha, que se forma em Odontologia este ano, e mais fotos dela casada e com filhos. Há fotos de muitas sacolas de compras em minhas mãos pelos shoppings e, por último, a foto de um casal de idosos de mãos dadas brincando e caminhando pela praia. Estou nos vendo no futuro, com mais de oitenta anos, felizes na velhice. Quem imagina, visita o futuro e entra em um novo tempo. Imaginar é declarar, profetizar sobre nossas vidas e família.

> *Porque, como imagina em sua alma, assim ele é [...] (Pv 23:7)*

Já há alguns anos, quando me encontrava no clímax de crises de depressão e síndrome do pânico, Deus me deu este versículo, foi um dia inesquecível. Foi o diferencial na minha vida. Esse texto nos dá uma poderosa lição, pois nos orienta a profetizar em nossa mente, a idealizar, planejar, sonhar, decretar e a nos lançar para o futuro. Em outras palavras, coloque em sua mente o que você quer ser, como você será, e assim vai ser.

Havia muitos anos eu sonhava em ir a Paris, na França. Imaginava-me no centro daquela romântica cidade com os braços abertos e andando nas ruas em meio às folhas caídas de outono. Pensava nos barzinhos fechados devido ao frio, e eu saboreando aquele delicioso café. Muitas vezes, porém, pensava que, por não falar inglês e muito menos francês, seria quase que impossível realizar esse sonho.

Na segunda viagem para a Festa dos Tabernáculos em Jerusalém, a escala do voo seria pela França e ficaríamos quatro dias naquele lindo lugar.

Pois bem, as folhas estavam caindo das árvores nos jardins, trazendo um ar romântico aos casais. Se era outono eu não sei, mas estava um frio agradável. Nós nos sentávamos nos bares e eu conseguia falar a minha frase predileta: "*One coffee, please*". Andávamos pelas lojas de perfume, parávamos nas esquinas com os braços abertos e até andamos de metrô. Que dias maravilhosos Deus nos proporcionou.

Ainda a palavra de Deus diz:

Agrada-te do Senhor, e ele satisfará os desejos do teu coração. Entrega o teu caminho ao Senhor, confia nele, e o mais ele fará. (Sl 37:4,5)

Quando fazemos aquilo que agrada a Deus, e descansamos Nele, Ele tem prazer em nos abençoar, bem como todos os desejos do seu coração. E desejos são sonhos, vontades, desde os menores até aqueles que para nós são aparentemente impossíveis.

Ah, sim, certamente você quer saber como estou hoje!

Pois bem, continuo trabalhando e praticando todos estes conselhos que citei neste livro. Também vou à academia de segunda a sexta, faço musculação, passeio, prego, viajo, realizo tudo o que uma pessoa jovem realiza, não tomo nem um tipo de medicamento, nem para pressão. Somente faço uso de vitaminas e suplementos alimentares. O mais importante é que continuo encontrando pessoas com os mesmos males que vivi e digo a elas que tudo vai passar, que é somente um tempo e que conseguirão restaurar a saúde.

Recentemente estive em um consultório médico e a médica, ao realizar a anamnese, perguntava-me se tomo remédios para pressão e para diabetes. Eu disse que não, bem como nenhum outro medicamento. Perguntou-me se eu havia feito cirurgias e eu respondi que duas cesáreas e um cateterismo com ablação sem necessidade. Ela arregalou os olhos e me perguntou qual foi o motivo pelo qual eu havia passado pelo referido procedimento. Eu disse a ela que sempre fui uma pessoa extremamente ansiosa e na época tinha arritmias cardíacas. Ela me disse que não estava acreditando devido à minha calma e tranquilidade na frente dela. Também disse a ela que era uma questão de consciência e que era necessidade estar tranquila, ou então viver eternamente com muitos sintomas ruins no corpo. Contei que estava escrevendo um livro sobre todas as estratégias a respeito de como me libertei.

Tem sido assim. Por onde passo as pessoas querem me ouvir e pedem conselhos, pois querem saber como ser livre das prisões e de como sair do mal do século.

Planeje, sonhe como você quer ser, e Deus realizará todos os desejos do seu coração.

Referências

AMAZONAS, Arão. *Inteligência emocional*: a arte de atrair pessoas e conduzi-las a propósitos nobres. São Paulo: Semente de vida, 2011.

AMAZONAS, Ester. *Inteligência emocional feminina*. São Paulo: Semente de Vida, 2013.

BÍBLIA DE ESTUDO DE GENEBRA. Tradução de João Ferreira de Almeida. São Paulo: Cultura cristã e Sociedade Bíblica do Brasil, 1999.

COLBERT, Don. *Emoções Mortais*: entenda a conexão de corpo, alma e espírito que pode curar ou destruir você. Rio de Janeiro: Central Gospel, 2013.

CURY, Augusto. *Revolucione sua qualidade de vida*. Rio de Janeiro: Sextante, 2002.

_____. *Você é insubstituível*. Rio de Janeiro: Sextante, 2002.

DICAS DE SAÚDE. *Os 10 benefícios do riso para saúde*. Disponível em: <https://www.saudedica.com.br/os-10-beneficios-do-riso-para-saude/>. Acesso em 21 jun. 2018.

JAKES, T. D. *A dama, seu amado e seu senhor*. São Paulo: Mundo cristão, 1999.

SCHREIBER, David Servan. *Curar o stress, a ansiedade e a depressão sem medicamento nem psicanálise*. São Paulo: Sá, 2004.

TERRA NOVA, Rene. *Futuro, a morada do líder incomum*. São Paulo: Semente de vida, 2010.

TITUS, Devi. *A Experiência da mesa*: o segredo para criar relacionamentos profundos. São Paulo: Mundo Cristão, 2013.

ZANIN, Tatiana. *Benefícios de beber água em jejum, com limão ou com gás*. Disponível em: <http://www.tuasaude.com/beneficios-de-beber-agua/>. Acesso em: 05 mai. 2018.

FONTE: Goudy Old Style

#Ágape nas redes sociais

Ágape
www.agape.com.br